中央企业精准扶贫模式

（第一辑）

中央企业精准扶贫模式研究课题组　编著

中国三峡出版传媒
中国三峡出版社

图书在版编目（CIP）数据

中央企业精准扶贫模式．第一辑／中央企业精准扶贫模式研究课题组编著．—北京：中国三峡出版社，2020.9
ISBN 978-7-5206-0143-6

Ⅰ．①中… Ⅱ．①中… Ⅲ．①国有企业—扶贫模式—研究—中国
Ⅳ．①F126

中国版本图书馆 CIP 数据核字（2020）第 166762 号

中国三峡出版社出版发行
（北京市海淀区复兴路甲1号 100038）
电话：（010）57082642 57082640
http://media.ctg.com.cn

北京世纪恒宇印刷有限公司印刷 新华书店经销
2020 年 9 月第 1 版 2020 年 11 月第 2 次印刷
开本：710 毫米 ×1000 毫米 1/16 印张：12.5
字数：150千字
ISBN 978-7-5206-0143-6 定价：58.00元

序　言

2013年11月，习近平总书记在湖南湘西考察时首次提出“精准扶贫”理念，拉开了我国精准扶贫的序幕。2015年9月，联合国《2030年可持续发展议程》将“无贫穷”确定为17项全球发展目标的第1项，消除贫困成为全球的共同目标和使命。2020年是全面建成小康社会目标实现之年，也是脱贫攻坚决战决胜之年。脱贫攻坚任务完成后，我国将有1亿左右贫困人口实现脱贫，提前10年实现联合国《2030年可持续发展议程》的减贫目标。这不仅是中国人民的重大福祉，也是对全球减贫事业的巨大贡献。

中央企业是国有经济的主力军，承担着经济发展与社会责任的双重重要职责，是我国脱贫攻坚战场上一支重要力量。中央企业自开展精准扶贫工作以来，发挥了独特的优势和资源，因地制宜，把精准扶贫与当地特色、企业优势结合起来，开展了大量卓有成效的扶贫实践，积累了不少行之有效的扶贫经验。

责扬天下（北京）管理顾问有限公司自2019年初启动“中央企业精准扶贫模式研究”以来，历经基础研究、专家研讨、实地调研、报告撰写等环节，形成《中央企业精准扶贫模式研究报告》。该报告对精准扶贫的制度背景和理论基础进行了系统研究，对中央企业在定点扶贫地区和特定贫困地区的扶贫实践和扶贫成效进行了全面梳理和总结，挖掘提炼出了具有典型性和创新性的中央企业精准扶贫模式。

课题组通过对7家中央企业精准扶贫工作的系统深入研究，分别提炼出了中国石油“人本发展圈”精准扶贫模式、国家电网“心所向，通未来”精准扶贫模式、国家电投“一体两翼双驱动”精准扶贫模式、中国移动“网络+”精准扶贫模式、中国一汽“五位一体扶贫+”精准扶贫模式、中国宝武“管到位”精准扶贫模式和华润集团“双拳组合”精准扶贫模式。通过对这些典型中央企业精准扶贫工作的系统深入研究，挖掘其扶贫工作的思路和方法，为其他企业更高效高质地开展扶贫工作提供参考和借鉴。

中央企业精准扶贫模式是中央企业在长期管理实践基础上形成的、着眼于解决精准扶贫工作中面临的实际问题的整体性、系统化运作机制。本书从理论层面上对中央企业在精准扶贫中的典型经验和优秀做法进行系统总结和提炼，形成可复制、可持续、可传播的经典扶贫管理工具和实践指南，以进一步提升中央企业在精准扶贫领域中的价值，进一步丰富我国脱贫攻坚理论成果，也为中央企业下一步更好地助力乡村振兴提供理论支撑。

中央企业精准扶贫模式研究课题组

2020年8月

中央企业精准扶贫模式一览

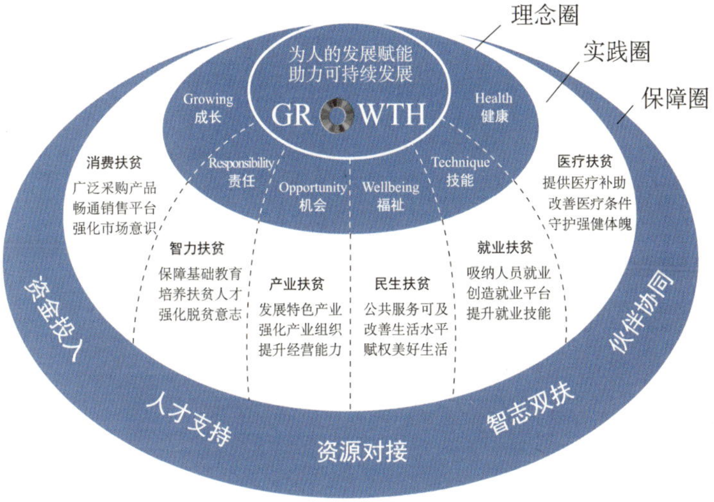

中国石油“人本发展圈”精准扶贫模式

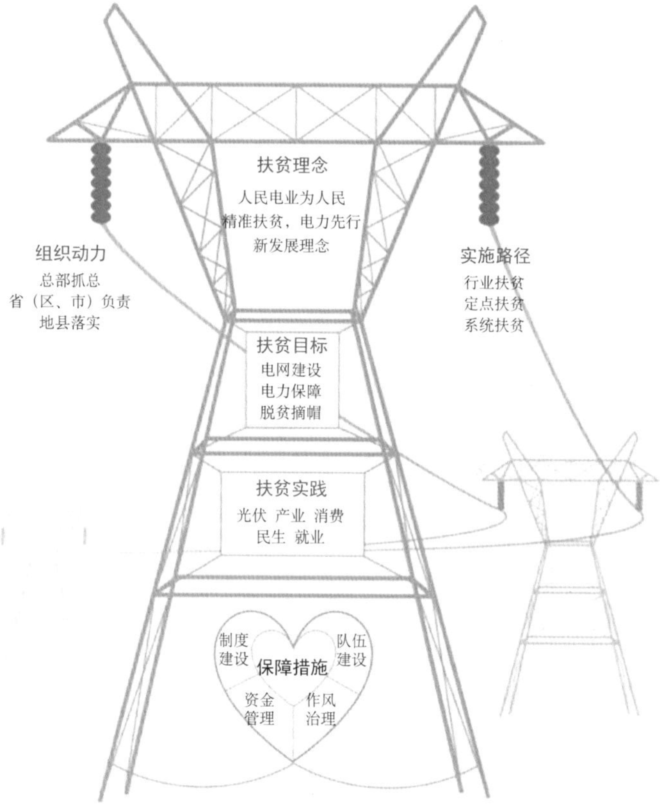

国家电网“心所向，通未来”精准扶贫模式

国家电投“一体两翼双驱动”精准扶贫模式

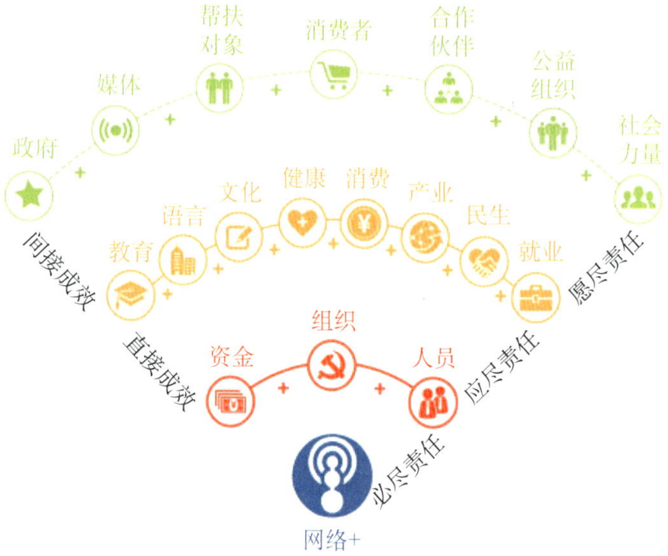

中国移动“网络+”精准扶贫模式

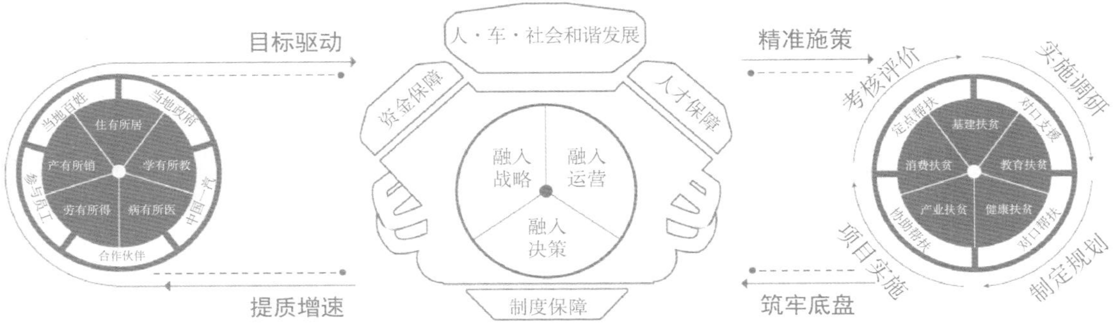

中国一汽“五位一体扶贫 +”精准扶贫模式

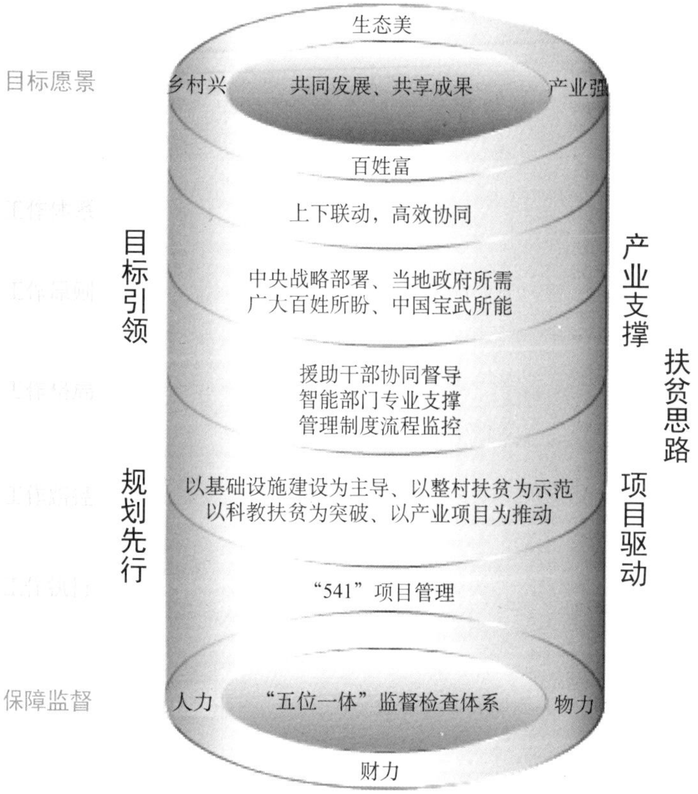

中国宝武“管到位”精准扶贫模式

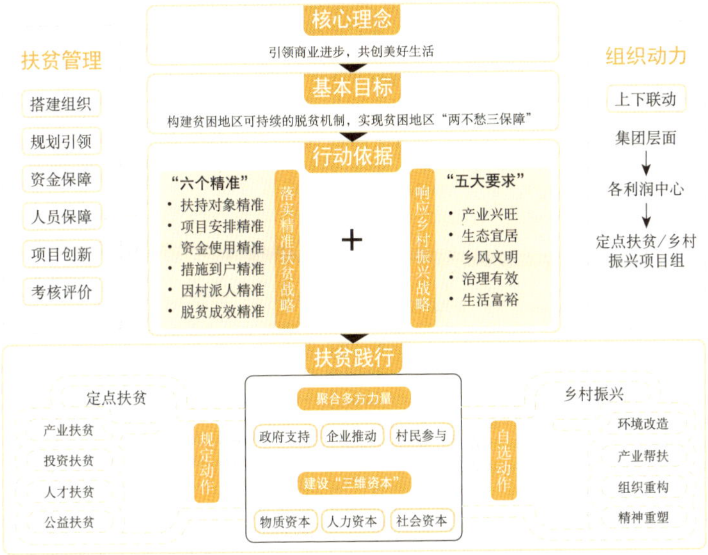

华润集团"双拳组合"精准扶贫模式

目 录

导 论

党的十八大以来，习近平总书记先后多次对“实施精准扶贫、精准脱贫，坚决打赢脱贫攻坚战”提出明确要求。习近平总书记关于扶贫工作的重要论述，丰富发展了马克思主义反贫困理论，创新发展了中国特色的扶贫开发道路，为新时代打赢脱贫攻坚战提供了行动指南，为全球贫困治理贡献了中国智慧。

我国脱贫攻坚力度之大、规模之广、影响之深前所未有，成就举世瞩目，书写了人类历史上“最成功的脱贫故事”。中央企业（简称央企）作为承担定点扶贫任务的重要力量，承担着246个国家扶贫开发工作重点县的定点帮扶任务，约占592个国家扶贫开发工作重点县总数的42%。多家中央企业还承担了对口支援工作，中央企业在全国各地的分子公司，还结对帮扶了地方党委、政府安排的数千个定点扶贫县（乡、村）。根据国务院国资委披露的数据，截至2020年3月，中央企业定点扶贫的246个贫困县中，219个已宣布脱贫摘帽或正在检查验收，约占中央企业定点扶贫县数量的90%。在2019年中央单位定点扶贫考核工作中，评价为“好”和“较好”的中央企业超过了90%。

在脱贫攻坚实践中，中央企业不断健全统筹联动、上下协调的扶贫工作机制，畅堵补短，强化基础、优化设施，聚焦“三区三州”等深度贫困地区，不断丰富促长远发展的有效举措，尤其是在产业扶贫方面，结合企业所处行业领域优势，发展特色产业助力脱贫攻坚，大力培育深度贫困地区内生发展动力，形成了一大批富有中央企业特色、行之有效的经验做法。在脱贫攻坚收官之年，及时总结、提炼形成中央企业开展精准扶贫工作的典型模式，对于充分体现中央企业精准扶贫的价值、助力中央企业未来更好地参与乡村振兴具有重要意义。

一、研究逻辑

中央企业精准扶贫模式是中央企业在长期管理实践基础上形成的、着眼于解决精准扶贫工作中面临的实际问题的整体性、系统化运作机制。课题组选择了中国石油、国家电网、国家电投、中国移动、中国一汽、中国宝武、华润集团等 7 家在精准扶贫方面表现突出的中央企业进行重点研究梳理，提炼出典型中央企业的精准扶贫模式，为更多企业开展精准扶贫工作提供参考和借鉴。

本书主要挖掘提炼了 7 大中央企业精准扶贫模式，每个扶贫模式从精准扶贫工作概述、模式构成、模式内涵解读、精准扶贫工作展望四个方面开展研究。主要研究方法包括：一是资料研究。通过收集、鉴别、整理国内外文献资料，进一步明确国内外文献中关于精准扶贫、扶贫模式、企业扶贫等的定义和最新进展，为模式提炼奠定基础。二是案例研究。对典型中央企业的精准扶贫工作进行详细研究，帮助企业挖掘提炼精准扶贫模式，通过典型的案例研究聚焦模式内涵，树立中央企业及相关的行业企业精准扶贫典范。三是实地调研。用客观的态度和科学的方法，选择典型的企业实地调研访谈，深入了解企业精准扶贫的实际情况，为精准扶贫模式的提炼提供实践基础，确保所提炼的精准扶贫模式能切实供企业参考并实施落地。

二、研究内容

本书共分为 7 个部分，分别介绍了中国石油、国家电网、国家电投、中国移动、中国一汽、中国宝武、华润集团等 7 家中央企业的精准扶贫模式。

第一部分：中国石油“人本发展圈”精准扶贫模式。中国石油以“为人的全面发展赋能，助力可持续发展”为内核，对标联合国可持续发展目标（SDGs），以发展（GROWTH）为关键词，包含持续成长（growth）、困境下的复原力（resilience）、获取机会（opportunity）、基本生活保障（wellbeing）、职业技能（technique）、身心健康（health）等六大方面，围绕产业、民生、智力、医疗、就业、消费扶贫等六大领域开展具体扶贫实践，同时加强资金、人才、渠道和平台等的资源投入，以及通过智志双扶激发贫困群众的内生脱贫动力，形成具有中国石油特色的“人本发展圈”精准扶贫模式。

第二部分：国家电网“心所向，通未来”精准扶贫模式。国家电网秉承“人民电业为人民”的企业宗旨，坚持“精准扶贫，电力先行”的责任引领，坚持电网建设、电力保障、脱贫摘帽三大扶贫目标，将国家“五大发展理念”融入工作实际，做好电力服务经济社会发展的“先行官”，架起党和人民群众之间的“连心桥”，为国民经济高质量发展和人民幸福美好生活助力加油。在开展精准扶贫工作中加强制度建设、队伍建设、资金管理、作风治理四个方面的重要保障措施，通过行业扶贫、定点扶贫、系统扶贫三大实施路径，形成光伏、产业、消费、民生、就业等五大扶贫领域，形成多层次立体式“心所向，通未来”扶贫模式。

第三部分：国家电投“一体两翼双驱动”精准扶贫模式。国家电投遵循“以发展促扶贫，以扶贫促发展”的扶贫理念，遵守“总体规划、目标导向、振兴乡村、加强协作、全员参与”的扶贫原则，注重组织领导、制度建设、资金投入、人员到位、监督宣传等方面的保障措施，形成绿色电力扶贫和特色创新扶贫两大扶贫路径和系统化、产业化、专业化的扶贫特征，在精准扶贫过程中将业务布局与精准扶贫有机结合，充分发挥清洁能源产业优势，推动贫困地区自我发展，为贫困地区生态保护带来正面积极影响，形成具有清洁能源发电企业特色的“一体两翼双驱动”精准扶贫模式。

第四部分：中国移动“网络+”精准扶贫模式。中国移动充分发挥企业优势，以网络扶贫为主线，发挥骨干中央企业优势，加大资源投入，做好组织、资金和人员保障，依托先进的通信基础设施，发挥信息化桥梁作用，将贫困地区的产业、健康、教育、文化、语言、就业、消费、民生等领域的实际诉求与网络相结合，同时广泛联结多个利益相关方，如政府、帮扶对象、消费者、合作伙伴、媒体、公益组织、社会力量等不同利益相关方在中国移动的影响下广泛参与到扶贫事业中，打造更广泛的扶贫生态系统，形成“网络+”精准扶贫模式。

第五部分：中国一汽“五位一体扶贫+”精准扶贫模式。中国一汽基于“人·车·社会和谐发展”的社会责任理念和“学习、创新、抗争、自强”的企业精神，设立“住有所居、学有所教、病有所医、劳有所得、产有所销+”的扶贫目标，结合“基建扶贫、教育扶贫、健康扶贫、产业扶贫、消费扶贫+红旗扶贫梦想基金”的帮扶行动，加强制度、人才、资金三重保障和定点扶贫工作调研、督导和评价，层层落实责任，通过统筹联动、上下协调，将精准扶贫工作融入战略、融入决策、融入运营，按照“目标驱动、精准施策、筑牢底盘、提质增速”四位一体，逐步深入推进精准扶贫，形成“五位一体扶贫+”精准扶贫模式。

第六部分：中国宝武“管到位”精准扶贫模式。中国宝武以“中央战略部署、当地政府所需、广大百姓所盼、中国宝武所能”为工作原则，以助力定点扶贫地区实现“生态美、产业强、百姓富、乡村兴”为工作目标，以改善贫困群众基本生活条件为切入点，以项目建设为突破口，形成以基础设施建设为主导、以整村扶贫为示范、以科教扶贫为突破、以产业项目为推动的扶贫工作模式，按照“541”原则实施项目管理和资金管理，力求改善贫困地区群众生产生活条件，增强当地的经济综合发展能力，实现可持续脱贫，形成中国宝武“管到位”精准扶贫模式。

第七部分：华润集团“双拳组合”精准扶贫模式。华润集团坚持“引领商业进步，共创美好生活”的初心和使命，明确构建贫困地区可持续脱贫机制，实现贫困地区“两不愁三保障”的基本目标，加强扶贫管理，形成上下联动的组织动力，充分发挥多元化经营的资源产业优势，积极响应国家精准扶贫战略和乡村振兴战略，打出了一套从产业扶贫、投资扶贫、人才扶贫和公益扶贫等领域开展定点扶贫的“规定动作”和从环境改造、产业帮扶、组织重构、精神重塑四个方面开展希望小镇建设工作，助力乡村振兴的“自选动作”扶贫组合拳，形成具有华润特色的“双拳组合”精准扶贫模式。

三、主要发现

通过对中央企业精准扶贫模式的梳理和提炼，我们发现，中央企业的精准扶贫工作具有以下特点：一是扶贫任务具有强制性。中央企业精准扶贫工作旨在贯彻落实党中央、国务院的决策部署，既是社会责任，更是政治任务，带有较高的强制性。二是扶贫关系具有稳定性。从国家相关文件要求可以看出，精准扶贫的结对关系基本保持稳定，即国家一旦确定中央企业对口联系的定点扶贫县后，若没有特殊情况，这种对口结对帮扶关系将维持较长时期。三是扶贫举措具有持续性。援受双方建立了良好、稳定、信任的帮扶关系，在制定定点扶贫规划或者安排年度扶贫项目时，会更加结合实际、因地制宜，并会考虑项目的持续性投入和持续性产出。四是企地产业相关性具有不确定性。开展定点扶贫的中央企业所属行业不同，其所能对接的产业也各不相同。五是扶贫举措具有差异性。因为中央企业与对口帮扶县产业相关性不同，不同中央企业所采用的扶贫路径和举措会有所差异。

基于对中央企业精准扶贫模式的研究以及中央企业精准扶贫特点，对中央企业精准扶贫工作提出以下建议：

一是扩展基于业务优势的产业扶贫项目。建议中央企业进一步探索基于业务优势深入开展产业扶贫实践的路径，扩宽基于业务开展产业扶贫的领域，增强自身业务经营的减贫能力，提升贫困地区的供应链、产业链、价值链，提升企业扶贫工作的长效性和可持续性。同时，选择投资贫困地区具有发展前景和带动能力的龙头企业，建立起市场化脱贫的长效机制，促进贫困地区优质产业可持续发展，从而有效避免“一帮扶就脱贫、不帮扶就返贫”的现象。

二是进一步提升扶贫工作的专业性。当前，一批中央企业与相关专业机构合作，有效提升了扶贫工作的专业性、规范性，减贫效果显著。中央企业未来可进一步探索多方协作扶贫的合作机制创新，完善利益联结机制和权责分配机制，发挥多元主体优势，激发各方参与扶贫的积极性和主动性，扩大扶贫工作的精准性和影响力，共同实现可持续脱贫。有条件的中央企业可探索成立专业化的公益组织，整合企业扶贫人才、技术、资金等资源，并撬动更广泛的社会资本，通过更有效、更有针对性的系列帮扶项目，打响企业的扶贫、公益品牌。

三是创新扶贫宣传与信息披露工作。建议中央企业在扶贫宣传工作中做得更加主动、全面、准确、通俗，重视典型宣传在示范、激励和引导方面的作用，积极创新典型宣传的形式，重视利用网络媒体，通过微视频、影视作品等到达率高的形式进行传播，进一步提升中央企业精准扶贫工作在国内外的影响力。

四是注重扶贫工作与乡村振兴的衔接。当前是我国脱贫攻坚和乡村振兴战略实施交汇的特殊时期，建议中央企业以脱贫攻坚在产业、生态、组织、文化和人才等方面取得的成效为基础，稳步推进脱贫攻坚与乡村振兴有效衔接。在完成脱贫攻坚任务的基础上，为乡村振兴做好观念、规划和项目上的衔接，从治理、产业、文化、社会、环境等多个维度入手，找好切入点，结合公司业务优势和资源能力，开展支持乡村振兴的系列品牌项目，为乡村振兴做出更大贡献。

中国石油“人本发展圈”精准扶贫模式

“互联网 + 扶贫”新疆项目启动，首批巴里坤甜瓜上市

在江西横峰县修建“致富渠”和“幸福路”

援建新疆察布查尔县生态扶贫林

帮助新疆察布查尔县建设、完善红花产业园

南疆天然气利民工程管道让新疆和田地区居民用上清洁的天然气能源

“益师计划”项目打造的河南台前县将军渡特色小学，学生们正在上舞蹈课

在河南范县开展乡村旅游经济扶贫示范项目

援建新疆察布查尔县塔兰奇食品加工厂制作民族糕点，带动妇女就业

中国石油医疗队在贵州习水县开展义诊活动

开展“益师计划”项目，北京 171 中学老师赴新疆尼勒克县乌赞中学给学生教授物理实验课

开展“旭航助学”公益项目，为爱加油

一、中国石油精准扶贫工作概述

党的十九大报告明确提出，“确保到2020年我国现行标准下农村贫困人口实现脱贫，贫困县全部摘帽，解决区域性整体贫困”。2020年5月23日，习近平总书记参加全国政协经济界委员联组会时指出：“到2020年确保我国现行标准下农村贫困人口实现脱贫、贫困县全部摘帽、解决区域性整体贫困问题，是我们党对人民、对历史的郑重承诺。”

自1988年以来，中国石油天然气集团有限公司（以下简称中国石油）深入边疆地区、少数民族地区、革命老区等国家扶贫攻坚主战场，先后在全国480个县开展扶贫工作，其中包括10个中央单位定点扶贫县，扶贫对象多、地域广、任务重。中国石油不断加强扶贫管理、加大资金投入、创新扶贫路径，1988—2020年，累计投入超过70亿元，选派扶贫干部、驻村工作队超过1万人次，开展民生、产业、智力、医疗、消费和就业等6个领域的帮扶项目超过6500个，其中民生扶贫项目4000余个、产业扶贫项目近千个。中国石油切实扛起脱贫攻坚的政治责任，结合自身产业、资源多元优势，在解决贫困地区“两不愁三保障”问题的同时，扎实推进贫困地区农牧业、旅游业等特色产业发展，开展扶志扶智工作，激活贫困群众内生发展动力，助力实现当地经济社会长远、可持续发展。截至2019年底，中国石油定点扶贫的贫困县全部实现脱贫摘帽，扶贫开发累计受益人口超过300万人。

二、中国石油“人本发展圈”精准扶贫模式构成

作为国有重要骨干企业，中国石油深入贯彻落实习近平总书记关于脱贫攻坚的重要论述精神与党中央“精准扶贫、精准脱贫”基本方略，按照国务院扶贫办、国务院国资委决策部署，以高度的政治责任感和历史使命感，将扶贫开发作为履行央企政治责任、社会责任的具体体现和有益实践，致力于成为“大扶贫”理念的不懈探索者、积极践行者和模式创新实践者，为新形势下打赢脱贫攻坚战贡献坚实力量。

在 30 多年扶贫实践中，中国石油围绕人的本质发展需求，深耕边疆地区、革命老区、连片特困地区和民族地区等贫困县村，结合公司和受援地资源、市场情况，通过产业、民生、智力、医疗、消费和就业等途径，将中国石油的智慧、方案和力量充分融入扶贫工作中，努力改善欠发达地区民众基本生产生活条件，提升受援地贫困人口全面发展能力，培养贫困地区可持续发展能力，形成了具备中国石油特色并且可复制、可推广、可持续的扶贫模式。

（一）模式示意图

中国石油响应国家“坚决打赢脱贫攻坚战”的号召，始终把投身脱贫攻坚作为重大的政治任务来部署落实，坚守为民情怀、以人为本，将扶贫开发作为履行社会责任、实现可持续发展的重要内容。在多年的扶贫工作过程中，中国石油发挥在资金、人才、渠道等方面的优势，聚焦产业扶贫、民生扶贫、智力扶贫、医疗扶贫、就业扶贫、消费扶贫等六大领域，

创新扶贫方法、实施特色扶贫项目，持续为贫困地区脱贫致富输送能量，激活贫困地区人民脱贫内生动力，助力贫困人口全面发展，促进贫困地区经济社会可持续发展。

中国石油“人本发展圈”精准扶贫模式是中国石油精准扶贫工作的形象化表达。

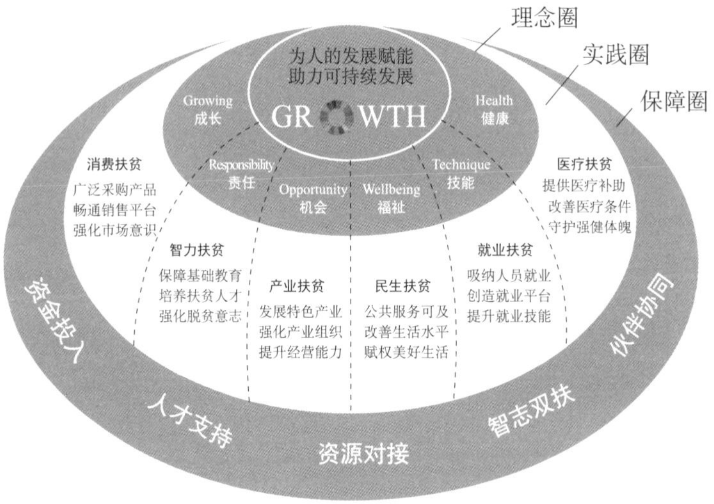

中国石油“人本发展圈”精准扶贫模式

理念圈为中国石油精准扶贫的核心。中国石油以高度的政治责任感和历史使命感，坚信从根本上解决贫困问题，需要以贫困人口的全面发展为核心，坚持以人为本的理念，在满足贫困人口基本生产生活需求的基础上，提升贫困人口自我发展能力，拓展贫困地区的发展机会，从注重短期帮扶效果到助力贫困人口自主、持续发展，实现由物质满足到智志提升、精神文化生活丰足。具体来讲，人的全面发展包含持续成长（growing）、承担责任（responsibility）、获取机会（opportunity）、保障基本生活

（wellbeing）、具有职业技能（technique）、身心健康（health）等六大方面。六个关键词的英文首字母也组成了“发展”的英文单词“GROWTH”，与模式名称“人本发展圈”高度契合。

保障圈是中国石油精准扶贫工作的资源投入，也是精准脱贫目标达成的重要支撑力量，主要包括资金投入、人才支持、资源对接、智志双扶和伙伴协同，其中通过智志双扶激发贫困群众的内生脱贫动力，通过伙伴协同汇聚精准扶贫合力，等等，为贫困群众脱贫提供有力保障。

实践圈是在扶贫理念指引和优势保障下，中国石油围绕产业扶贫、民生扶贫、智力扶贫、医疗扶贫、就业扶贫、消费扶贫等六大领域开展具体实践，各项实践随着帮扶工作的深入开展越来越接近可持续脱贫的目标，最终形成贫困地区自我发展、持续发展的内生动力。中国石油精准扶贫工作以促进贫困地区可持续发展、助力贫困人口实现全面发展为内核，扶贫行动涵盖产业、教育、健康、就业等多个领域，与联合国2030可持续发展目标的内涵高度一致。

（二）主体模块构成

中国石油“人本发展圈”精准扶贫模式的主体模块包括产业扶贫、民生扶贫、智力扶贫、医疗扶贫、就业扶贫、消费扶贫等六个部分。在精准识别贫困群众致贫原因、分析脱贫需求的基础上，中国石油精准投放资源，逐步深入实施帮扶措施，优先解决“两不愁三保障”问题，进而激活贫困人口自主脱贫与长远发展能力，促进贫困地区经济社会的可持续发展。

在产业扶贫领域，中国石油重视结合自身业务优势与贫困地区资源禀赋条件，培育、孵化当地石油化工相关产业，帮助当地农牧业等特色产业发展壮大，形成特色产业经营主体，进而汇聚优势产业资源、人才和技术，提升产业链整体的经营、合作能力，增强产业发展活力，形成稳定的带动脱贫机制。

在民生扶贫领域，中国石油积极完善基础设施建设，着力改善当地生活水平，在满足生活物资需求的基础上，进一步满足文化等精神层面需求，提升贫困群众生活幸福感。

在智力扶贫领域，中国石油对贫困地区青少年的教育支持覆盖从幼儿园到大学的各个阶段，为农村的青壮年提供多样化优质培训，全面提升贫困群众的文化素质和发展能力，努力让他们享有更长久的学习机会，实现贫困群众智与志的全面发展。

在医疗扶贫领域，中国石油开展医疗救助帮扶，提升基本医疗条件，防止因病致贫、因病返贫现象产生，进而帮助贫困群众以强健体魄实现更长足的发展。

在就业扶贫方面，中国石油在吸纳贫困人口就业的基础上，通过发展特色产业等方式创造更多就业机会，提升加强技能培训，促进贫困人口获得职业发展和价值实现机会，提升就业扶贫的可持续性。

在消费扶贫领域，中国石油充分发挥全系统力量，利用分布广泛、数量庞大的分子公司，采购贫困地区产品服务，共建和谐共赢、稳定发展的企地关系，并通过遍布全国各地的油气站为扶贫产品拓展销售渠道，打通产品销路，进而培育市场意识、打造贫困地区特色产品品牌。

中国石油精准扶贫实践与联合国可持续发展目标（SDGs）的多个目标内涵高度一致，用扎实的扶贫实践帮助贫困群众脱贫和发展，为联合国可持续发展目标实现贡献了有生力量。

中国石油精准扶贫实践与联合国可持续发展目标

联合国可持续发展目标	中国石油精准扶贫实践	
	帮扶领域	典型举措
	产业扶贫 / 民生扶贫 / 智力扶贫 / 医疗扶贫 / 就业扶贫 / 消费扶贫	• 10 个定点扶贫县全部实现脱贫摘帽 • 扶贫开发累计受益人口超过 300 万人
	产业扶贫	• 以技术支持、合作社组建、产业基础设施援建等方式支持贫困地区农业发展
	医疗扶贫	• 援建医疗设施、培训医护人员，提升受援地区医疗软硬件条件 • 开展同舟工程、医疗巡诊、母亲健康快车等项目
	智力扶贫 就业扶贫	• 开展“旭航助学”、“益师计划”等工程，援建学校等教育基础设施，提升受援地区教师队伍业务水平
	就业扶贫	• 开展“妇女返乡就业”合作社扶持计划，推动贫困地区女性就近就业 • 根据市场用工需求，开办月嫂、汽修、烹饪等培训班，带动群众掌握一技之长，方便就业
	民生扶贫	• 援建河南范县自来水厂、青河县高效节水灌溉等饮水工程
	民生扶贫	• 实施光伏扶贫、“气化南疆”等工程，建设天然气综合利用工程，为当地居民提供经济、清洁的能源
	就业扶贫 消费扶贫	• 创造就业岗位，吸纳当地就业 • 推动贫困地区农产品走进食堂、加油站，拓宽特色产品销售渠道

续表

联合国可持续发展目标	中国石油精准扶贫实践	
	帮扶领域	典型举措
9 产业、创新和基础设施	产业扶贫	• 援建贫困地区产业设备设施，支持特色农产品生产加工、旅游业等发展 • 培育贫困地区农民合作组织，扶持园木、牲畜养殖等多个领域的合作社、加工厂
10 减少不平等	智力扶贫	• 弥合教育鸿沟，输送扶贫人才，助力减小贫困地区发展差距
11 可持续城市和社区	民生扶贫	• 改善基本住房条件，解决贫困户安居需求，改善贫困及偏远地区群众生活水平
12 负责任消费和生产	产业扶贫	• 实施南疆天然气利民工程，让南疆 400 多万居民实现从“柴煤时代”步入“清洁能源时代” • 2019 年带动贫困地区农产品销售金额超过 1.68 亿元
13 气候行动	产业扶贫	• 援建新疆察布查尔县生态扶贫林项目，实现生态环境治理和脱贫攻坚巩固“双提升”
17 促进目标实现的伙伴关系	产业扶贫 / 民生扶贫 / 智力扶贫 / 医疗扶贫 / 就业扶贫 / 消费扶贫	• 与各级政府、中国扶贫基金会、知名院校等机构合作，发挥专业优势，针对性落地不同类型扶贫项目

（三）功能模块的构成

模式的功能模块由中国石油开展精准扶贫工作的理念圈和保障圈构成。

理念圈是中国石油精准扶贫工作的精神动力。中国石油积极响应国家打赢脱贫攻坚战号召，勇于担当中央企业政治责任，坚持人本发展理念，让贫困群众共享经济发展、社会进步、环境和谐的多元价值，助力贫困地区可持续发展。其内涵包括：关注贫困群众衣食住行等民生基础保障（wellbeing），满足基本生活需求；守护贫困群众身心健康（health），根除贫困“病灶”；培养就业创业技能（technique），促进增收致富；赋予平等参与经济社会活动的机会（opportunity），共享发展成果；提升贫困群众脱贫意识和责任感（responsibility），激活脱贫致富内生动力；助力贫困群众持续成长（growing），赋能贫困群众全面发展，激活脱贫力量。

保障圈是中国石油扶贫工作取得脱贫实效的重要支撑。中国石油加大扶贫资金投入力度，并动员各界力量共同投入资金，夯实扶贫工作的资金保障；调动员工奉献精神，为贫困地区输送大批扶贫挂职干部，为当地基层干部提供扶贫培训，形成脱贫攻坚的基层人才保障；搭建产品购销、项目合作等多方合作平台，聚合平台、资源优势，提升扶贫成效；开展扶智、扶志活动，系统性支持教育培训产业发展，提升当地人口整体素质和脱贫能力，激发贫困群众主动脱贫意识，阻断贫困代际传递；与政府、社会组织、企业、专业机构等各界扶贫力量开展广泛合作，发挥优势互补效应，形成协调顺畅的“大扶贫”工作机制。

（四）模块之间的关系

主体模块和功能模块共同构成中国石油精准扶贫模式，主体模块体现中国石油扶贫工作的重点领域，功能模块体现中国石油推进扶贫工作的核心理念和保障机制。主体模块和功能模块互为补充、互有裨益，随着扶贫实践的逐步深入，其内涵不断丰富、完善和升级。

三、中国石油“人本发展圈”精准扶贫模式内涵解读

本节将结合中国石油精准扶贫具体的管理与实践工作，对“人本发展圈”精准扶贫模式的内涵进行进一步解读，梳理分析并直观展示中国石油精准扶贫的亮点和特色。

（一）理念圈

党的十九大报告指出，我国社会主要矛盾已经转化为人民日益增长的美好生活需要和不平衡不充分的发展之间的矛盾。坚决打赢脱贫攻坚战是解决发展不平衡、不充分问题的关键之举，是解决我国社会主要矛盾的重要举措。中国石油作为国有重要骨干企业，多年来不断强化扶贫开发的政治责任、使命担当和行动自觉，为全面打赢精准脱贫攻坚战勇担责任、贡献力量。

多年来，中国石油始终坚持扶贫开发工作与我国经济社会发展需求、贫困群众实际诉求同频共振，不断提升扶贫理念、升华扶贫思想，形成“为人的发展赋能，助力可持续发展”的扶贫理念。中国石油用责任诠释中央企业本色，将自身业务和受援地资源、市场优势相结合，切实解决当地居民最基本的生活难题，提升当地人口整体素质和脱贫意识与能力，促进贫困群众全面发展、贫困地区可持续发展，助力联合国可持续发展目标的实现，这也与中国石油“奉献能源，创造和谐”的企业宗旨高度一致。

中国石油认为，要支持贫困群众的全面发展，需要考虑以下六个维度的因素影响：

（1）成长（growing）：人的发展与成长是脱贫致富的重要手段和最终目的。而人的成长和发展不仅需要基本的物质资源，还需要心理、精神等更高层面的发展和丰富，通过人的内、外部成长的互动互促，形成更加完整、不断丰富的人生价值。

（2）责任（responsibility）：贫困群众自主脱贫的意识和责任感是扶贫的重要保障。中国石油重视从思想上帮助贫困户根除“坐等靠”观念，唤醒其主动脱贫意识，通过自身努力改善家庭经济状况，进而担当起对经济社会发展、生态环境改善等多元责任。

（3）机会（opportunity）：只有平等分享发展机会，才能真正与贫困群众共享发展成果。中国石油积极投入资源支持，赋予贫困群众更多参与社会经济活动的机会，如平等享有教育、就业等机会，助力贫困群众共享发展机遇和“红利”。

（4）福祉（wellbeing）：改善民生福祉是精准扶贫工作的出发点和最基本要求。中国石油高度关注贫困群众在交通、通信、用电、饮水、教育等方面的困难，提升贫困群众获得感、安全感、幸福感，努力为贫困人口过上美好生活提供支持。

（5）技能（technique）：就业创业技能的提升是就业脱贫的有效手段。中国石油重视贫困人口职业技能培训，支持贫困地区基础教育发展，提升贫困人口就地就业、高薪就业创业等能力，助力解决贫困代际传递问题。

（6）健康（health）：因病致贫、因病返贫是贫困群众突出的致贫因素。中国石油着力通过提供医疗补贴、改善医疗条件、创新医疗保险等方式，解决贫困群众看病就医难题，助力享受公平可及的医疗服务，为精准脱贫和“健康中国”建设发挥积极作用。

（二）保障圈

中国石油坚持高位推动，形成了领导小组统筹决策、办公室组织衔接、项目对口管理单位监督负责、相关单位支持配合、挂职干部具体承担任务的“统一管理、分级负责”的工作机制，有效推动帮扶工作合规化、程序化，形成齐抓共管、合力共进的“大扶贫”格局。中国石油举全集团之力，调动全体员工力量共同参与精准扶贫工作，在资金投入、人才支持、对接资源、智志双扶、伙伴协同等方面持续加大投入，努力为打赢脱贫攻坚战做出更大贡献。

在资金投入方面，中国石油通过捐赠无偿帮扶资金、引入无偿帮扶资金、投资当地产业、引入外部投资等多种渠道，为贫困地区脱贫攻坚提供资金支持。同时加强扶贫资金管理，保障资金投入落到实处、产生实效。自 1988 年以来，中国石油累计投入超过 70 亿元，深入边疆地区、少数民族地区、革命老区等国家扶贫攻坚主战场，先后在全国 480 个县开展扶贫工作，其中包括 10 个中央单位定点扶贫县，扶贫投入高、对象多、地域广、任务重，为贫困群众脱贫致富夯实资金基础。

在人才支持方面，中国石油重视人才引进和培养，就近选择对口管理单位，选拔挂职干部到受援地挂职，充分发挥挂职干部促进当地经济发展的“催化剂”作用，与地方政府协同开展扶贫工作，并常态化举办扶贫干部培训与交流活动，推动各类人才投身脱贫攻坚主战场，发挥智力、技术、信息等优势，帮助当地经济社会发展。1988—2020 年，选派扶贫干部、驻村工作队超过 1 万人次，2019 年培训基层干部 432 人次、技术人员 3138 人次，较 2018 年分别增长 50%、182%，帮助基层扶贫干部开阔眼界、提高带领群众脱贫致富的能力，促进当地经济社会快速发展。

在资源对接方面，中国石油积极发挥平台优势，加强与社会各界在产业、智力、医疗等领域的深入合作，凝聚当地政府属地化优势、社会组织专业优势和其他企业产业链优势，保障扶贫项目顺利推进。例如在消费扶贫方面，2019 年中国石油发动各个子公司及员工购买贫困地区农产品 5772 万元，并充分依托加油站便利店、消费扶贫对接会等资源渠道，帮助销售贫困地区农产品 1.101 亿元，助力企地共赢。

在智志双扶方面，中国石油大力开展扶智、扶志活动，通过加大技能培训力度，收到了立竿见影的就业增收效果；通过加强基础教育、引导贫困群众转变“坐等靠”思想，避免贫困代际传递，实现物质脱贫和精神脱贫“双同步”。2006—2019 年期间，中国石油累计开展了 86 个智力帮扶项目，与社会组织、高校等专业资源合作开办现代农业技术和管理培训班、电子商务扶贫培训班、乡村旅游扶贫培训班等各类培训班，提升贫困群众就业创业能力。

在伙伴协同方面，中国石油与政府机构、社会组织、各类企业等建立广泛的合作关系，发挥各自在资金、技术、渠道、数据、市场等方面的优势，形成扶贫合力，保障扶贫项目顺利推进。中国石油先后与中国扶贫基金会、腾讯公益等机构开展了扶贫项目合作，涉及从文化、教育到经济等多个扶贫领域，扶贫“朋友圈”越做越大。

（三）实践圈

中国石油开展产业、民生、智力、医疗、就业以及消费等六大领域的扶贫工作，结合贫困地区脱贫需求落实差异化帮扶措施，推动扶贫工作横向拓展、纵向加深，为贫困人口全面发展、贫困地区脱贫致富及长远可持续发展输送了源源不断的动力。

1. 产业扶贫

产业扶贫是中国石油扶贫开发工作的核心领域，也是实现稳定脱贫的根本之策。中国石油重视结合自身产业、市场优势以及贫困地区特色，扶持石油化工行业、畜牧业、旅游业等特色产业发展，培育壮大新型农业经营主体，提升产业经营管理水平，增强产业发展活力和带动能力。

发展特色产业。中国石油科学调研、精准识别贫困地区特色产业优势，资助贫困地区发展石油化工、特色农业、旅游、生态畜牧、加工制造等产业，拉动贫困地区劳动力就业，带动贫困群众增收。推进新疆察布查尔县生态扶贫林项目，在保护地方传统果树的同时，解决当地 220 户贫困群众就业问题，实现生态环境治理和脱贫攻坚巩固“双提升”。与中国扶贫基金会合作，先后与河南范县、台前县及贵州习水县达成合作协议，探索“中国特色的乡村发展道路”，深化农村供给侧改革，夯实基础、加强监管、创新机制、倾斜资源，全力打造以“合作社 + 乡村旅游”促进整村脱贫的示范项目，让当地贫困户通过闲置房屋流转和在合作社劳动取酬、配股分红等方式，巩固和促进乡村集体经济发展，实现以绿色发展引领乡村振兴，真正促进村民共同发展、共同脱贫、共同致富。

强化产业组织。中国石油积极培育贫困地区农民合作组织，鼓励企业从事农业产业化经营，探索企业与贫困农户建立利益联结机制，提高产业组织能力和价值增值能力，实现抱团取暖、共同致富。通过引入专业机构管理服务，健全体制机制，落实能力建设、完善基础设施、拓宽产品渠道等多种举措，陆续扶持了辣椒种植、园木、牲畜养殖等多个合作社，大部分合作社发展势头良好，不少已经成为当地产业的重要支撑，带动贫困户稳定脱贫。在新疆托里县援建了2个草畜联营合作社，为贫困户购买牲畜入股，每年为约400名贫困群众实现分红2000元，并在5年后将牲畜返还给贫困户，有效避免了农牧民分散状态下生产的随意性和盲目性。

提升经营能力。产业基础能力强，产业链水平高，经济的韧性和活力就会更足。中国石油重视挖掘当地产业经营发展能力，促进新的生产要素向生产效率较高的领域流动，加强人力资本积累和技术创新，为产业经营发展汇聚坚实力量。河南范县作为中国石油中原油田采油区，化工产业基础雄厚，中国石油利用自身业务分布广等优势，安排当地所属企业支持当地龙头化工企业开展来料加工等业务，并提供技术和人才支持，显著带动该企业工业产品销售增收。中国石油着眼新疆巴里坤县畜牧业优势，援建奶酪加工厂，帮助引入奶酪加工优势资源，填补乳制品加工空白，促进产业转型升级，实现从养殖到乳制品加工、销售的全产业链共同发展，有效带动当地经济发展。

2. 民生扶贫

中国石油着眼于提高人民群众的生活水平和质量，解决公共服务基础差、群众增收困难等突出问题，从完善基础设施到改善生活水平，从改变生存状态到实现美好生活，助力实现人民群众的幸福生活，为全面建设小康社会目标的实现做贡献。

公共服务可及。基础设施是贫困地区经济发展与脱贫的“命脉”，中国石油投入大量资源，不遗余力地解决贫困地区的交通、饮水、住房等问题，满足贫困村对公共产品服务的基本需求。在重庆市开州区建设多个基础设施项目，包括新建生产便道2616米，新建防旱池1口、补修防旱池3口，配套建设完善抗旱管网设施，铺设采摘道路2602米，并在农业观光园内建设公共厕所、接待中心、停车场、长廊等相关附属设施，避免了因基础设施不足而制约产业园区经济发展的问题，打通致富道路的“最后一公里”。

改善生活水平。改善贫困群众基本生活条件是中国石油扶贫的重要工作。例如，在新疆吉木乃县多次投入安居建房资金，针对当地贫困群众底子薄、生活条件差、就地脱贫无望的恰勒什海乡、托普铁热克乡，实施“石油新村”住房搬迁改造工程，使村民长期存在的交通、通信、用电、饮水、子女就学、医疗卫生等“老大难”问题得到彻底解决，生活质量显著提升。

赋权美好生活。党的十九大报告指出，我国社会主要矛盾已经转化为人民日益增长的美好生活需要和不平衡不充分的发展之间的矛盾。人民对美好生活的向往不仅局限于基本生活保障，也包括物质与精神的平衡和满足。中国石油在青海格尔木市援建唐古拉山镇长江源村综合服务中心和唐古拉山镇文化旅游建设项目，为周边群众提供文体活动、社区建设及居家养老等各项服务，完善当地旅游配套设施，促进旅游经济发展，增加当地居民收入，让牧民群众搬得下、留得住、能致富，携手共建长江源的幸福新家园。

3. 智力扶贫

提高扶贫对象的脱贫意识和能力，是阻断贫困代际传递的根本途径。中国石油探索打造贯通义务教育、职业教育、高等教育等全过程的智力帮扶体系，大力开展扶志扶智工作，提升当地人口整体素质，增强脱贫能力和脱贫意志，激活脱贫内生动力。

保障基础教育。让贫困地区的孩子接受良好教育，是扶贫开发的重要任务，也是阻断贫困代际传递的重要途径。中国石油通过修建石油希望小学、开展“旭航助学”和“益师计划”、开设石油奖学金等多项助学活动，从小学到大学、从义务教育到特色教育，从硬件到软件、从传统教育支持到新教育模式探索，全面帮助青少年获得公平教育机会，从而实现理想与自身价值。在中国石油牵线下，北京师范大学与河南范县第三小学、台前县将军渡小学携手开展特色学校建设，支持特色学校老师到北京师范大学进行培训学习，接触最新的教育办学理念，了解资深教育专家的教育观点；为学校配备理论导师和实践导师，定期诊断与指导学校的育人文化、课程教学、教师发展、内部管理等内容，帮助学校量身打造具体教学计划和实施方案，加强学校师资力量，提升当地基础教育水平。

培养扶贫人才。中国石油通过输送扶贫干部、培养当地人才等方式，为贫困地区脱贫发展提供人才保障。中国石油与中国扶贫基金会共同发起“电商经营与管理扶贫专项培训班”，与京东商城、四川大学等电商平台或专业机构合作，培训基层干部、从业人员及致富带头人。依托中国村干部培训机构资源，开展“贫困地区青年干部”培训，将基层党建与扶贫工作相结合，从基层党组织作用、现代农业发展、合作社打造、品牌营销等方面，培训定点扶贫县青年基层干部。

强化脱贫意志。贫困群众自身的脱贫意志和能力是脱贫的根本动力。中国石油重视解决思想贫困，在陕西省洋县槐树关镇罗曲村建起爱心超市，以爱心超市为平台，广泛宣传扶贫政策，激励村民踊跃参加各种技术培训，评选表彰“致富带头人”“道德模范”“好儿媳”“党员模范”等先进典型，以精神动力带动村民勤劳致富。通过表彰先进，主动学技术、想方设法脱贫致富、自觉为村里做好事蔚然成风。这种思想引领与经济援助紧密结合的方式使该村的扶贫工作取得了较快进展，罗曲村已于2018年提前实现40户146人全部脱贫。

4. 医疗扶贫

因病致贫、因病返贫是贫困人口最为突出的致贫因素。中国石油综合采取提供医疗补贴、改善医疗条件、创新医疗保险等方式，解决贫困群众看病就医问题，有效缓解因病致贫、因病返贫问题，助力根除贫困病灶。

提供医疗补贴。中国石油为贫困人口大病医疗和康复治疗提供补贴，减轻因疾病给贫困家庭带来的额外负担。联合中国扶贫基金会共同启动的“同舟工程”健康扶贫项目是中国石油开展健康扶贫的一次创新探索。该项目充分发挥多方参与、优势互补、协同作战的合力效应，重点救助18～50岁重大疾病贫困患者，为这些患者多方对接社会救助资源，减轻患者医疗负担，同时对患者开展心理疏导工作，重树生活信心，提高治疗效果。中国石油创新医疗扶贫方式，通过保险进行医疗补贴，与中国扶贫基金会合作开展“顶梁柱”保险项目，为贵州习水县20～60岁人群提供大病救助保险，项目规模达到204万元，为当地76528名建档立卡贫困户建立了公益性质的健康医疗保险，截至2018年6月30日理赔周期结束，累计使用资金96.29万元。

改善医疗条件。中国石油大力支持新建乡镇卫生院和改善乡镇卫生院医疗条件、采购医疗设施、培训医疗人员、进村义诊等活动，以满足日常基本医疗需求。将医疗援藏模式由巡诊式看病转向以手术为突破方向的治病，组织主刀医生、助理医生、麻醉师、巡回护士、器械护士等岗位人员培训，调试、安装、补充医疗设备，提高当地医疗水平。开展“母亲健康快车”项目，提供女性健康知识普及和疾病普查，提高当地妇幼卫生健康知识普及度，降低因无病不防、有病不知造成更严重疾病乃至因病致贫后果的可能性。

守护强健体魄。中国石油在开展医疗扶贫时，通过新建乡镇卫生院和改善乡镇卫生院医疗条件、采购医疗设施、培训医疗人员等方式，让医疗资源能切实留在贫困地区，让贫困群众能享有公平可及的医疗服务，时刻护航贫困群众身体健康。西藏双湖县平均海拔5000多米，是全国乃至全世界自然环境最恶劣的行政县，被称为生命禁区。2009年起，中国石油向双湖县派出援藏医疗小分队，梳理高原常见、多发疾病，购置所需医疗设备，对医护人员提供有针对性的医疗服务和培训，有效改善了当地医疗水平，增强了当地居民抵御疾病风险的能力，让当地居民能以强健体魄为全家脱贫致富撑起一片天，为健康中国建设贡献一份力量。

5. 就业扶贫

中国石油通过吸纳人员就业、创造就业平台、提升就业技能等措施，帮助贫困劳动力稳定就业，实现一人就业全家脱贫的目标，进而提升人生价值。

吸纳人员就业。中国石油通过驻地企业吸纳贫困人口就业，缓解贫困地区人口就业增收需求。中国石油新疆销售、贵州销售和江西销售等子公司积极安排贫困县群众就近在当地加油站工作，解决了部分贫困群众的就业问题。

创造就业平台。中国石油通过发展当地产业经济，满足包括贫困地区女性在内贫困人口的就业增收、照顾家庭等需求。中国石油发起“我送妈妈去上班”妇女返乡就业项目，以适合妇女就业的产业合作社和小微企业为主要形式，扶持各帮扶地乡村合作社发展特色产业，帮助妇女在家门口就业，既使贫困妇女获得稳定收入，又改善了当地农村空巢老人和留守儿童问题。在中国石油的帮扶下，新疆察布查尔县塔兰奇食品公司有限责任公司成立三年来吸纳了52名乡村女性就业，帮助当地女性获得了稳定收入、享有了更有尊严的生活。

提升就业技能。中国石油通过开展贫困人口培训等活动，提升贫困人口就业创业能力，助力贫困人口实现职业发展。中国石油搭建了包括干部能力提升、电子商务、乡村旅游、合作社建设、益师计划、医护培训等在内的培训框架，开展品牌项目，打出人才培养组合拳，帮助贫困群众提升就业创业技能，助力贫困人口实现职业发展。

6. 消费扶贫

要让贫困地区产品走出去——走向市场、走向全国，不仅需要好的产品，销售渠道和平台更关键。中国石油坚持消费扶贫工作企业引导、员工参与、市场运作、机制创新，利用分布广泛、数量庞大的线下油气站点商店网络系统，以及电商平台、官方线上渠道，鼓励员工、民众等以购代捐，将贫困地区产品纳入中国石油产业链，提高贫困村特色产品销量，打响贫困地区特色产品品牌，提升特色产业脱贫带动能力，也推动了中国石油更好融入当地发展，实现企地共赢。

广泛采购产品。中国石油坚决贯彻落实国务院办公厅《关于深入开展消费扶贫助力打赢脱贫攻坚战的指导意见》的要求，发挥子公司遍布海内外、员工超百万人等优势，针对居住和办公比较集中的单位，组织企业食堂、矿区商店、员工福利等发挥渠道作用，加大采购量，拉动帮扶地区农产品销量。同时，中国石油就近采购所需物资，有助于建立互利共赢的稳定合作关系，实现企地协调发展。

畅通销售平台。只有解决扶贫地区农产品产销脱节的难题，实现产业资金充分流动，才能真正促进农户增收。中国石油重视利用分布广泛、数量庞大的线下油气站点商店网络系统，以及开设中国石油消费扶贫网上商城等线上渠道，提高贫困村特色产品销量，努力发挥产业一体化优势，打通在生产、流通、消费各环节制约消费扶贫的痛点、难点和堵点。多年来，充分利用加油站便利店资源，同等条件下优先采购贫困地区企业的产品和服务，比如新疆的干果、江西横峰的葛根饮料以及贵州习水的白酒等产品，通过加油站便利店销售，鼓励社会大众以购代捐。召开消费扶贫对接会、展销会，向社会大众、所属企业和员工推荐消费扶贫产品，显著提高了扶贫产品的销量和知名度。

强化市场意识。中国石油在消费扶贫中重视提升当地企业和民众的市场意识，通过生产市场所需产品、提高产品质量、打造区域性特色产品品牌等方式，将产品推向市场，提高贫困地区特色产品的市场影响力和竞争力。中国石油各地销售企业长期面对市场，了解市场需求。组织各地销售公司与贫困地区企业直接对接，认真解读加油站便利店畅销品类型、包装特点、促销方式等，有效推动贫困地区农产品由产品端到商品端的转化，助力培育特色品牌，提高产品附加值，促进贫困地区产品市场化销售。

四、中国石油精准扶贫工作展望

2020 年是打赢脱贫攻坚战的收官之年。2020 年全国两会提出要优先稳就业保民生，坚决打赢脱贫攻坚战，努力实现全面建成小康社会目标任务。中国石油将秉承“奉献能源，创造和谐”的企业宗旨，以更强的责任感、使命感和紧迫感，继续按照党中央、国务院扶贫开发工作部署，发挥中国石油资源、人才、平台和渠道等方面的优势，以解决贫困群众生产生活需求为基础，着力帮助贫困群众获得自我全面发展的能力，全力以赴打赢脱贫攻坚战，为全面建成小康社会贡献有生力量。

同时，中国石油绝不会止步于绝对贫困的消除，乡村振兴战略、联合国 2030 年可持续发展目标的实现仍需要社会各界的共同投入与参与。中国石油将持续贡献中央企业的力量，进一步加大资源投入、扩展伙伴关系，聚焦社会民生领域的挑战，支持相对贫困地区产业深化发展，推动基础设施、文化教育、医疗卫生等领域更充分、更平衡发展，满足新形势下贫困人群持续改善生产生活和全面发展的实际需求，不断提升贫困人群幸福感，助力其实现人生价值，共同建设、发展和维护更加文明进步的社会。

国家电网“心所向，通未来”精准扶贫模式

2010 年 5 月，国家电网扎实推进户户通电工程，西藏日喀则东嘎乡通电后，藏族同胞高兴得合不拢嘴

2014 年 12 月，川藏联网投运，结束了西藏昌都地区长期孤网运行的历史，从根本上解决了昌都和甘孜南部地区严重缺电和无电的问题

2016年6月，国网（即国家电网）四川电力公司大力实施贫困地区电网攻坚，解决了四川乐山市高石头村低电压问题，彝族老乡家的灯更亮了

2016年8月，湖北省长阳土家族自治县，国网湖北电力公司土家电工用背架背着村村通动力电材料行走在陡峭的山路上

2017年6月6日，在新一轮农网改造中，国网阿克苏供电公司施工队在对库木巴什乡10千伏供电线路进行施工，以实现村村通动力电

2018 年 2 月 3 日 19 点 28 分，我国人口最少的行政乡——西藏山南隆子县玉麦乡用上了大电网的电，全乡 9 户 32 名群众从此用上充足稳定的电能

2018 年 11 月，藏中联网工程投运，对于满足西藏经济社会发展的用电需要，促进清洁能源开发外送，推动西藏跨越式发展和长治久安具有重大意义

2019 年 4 月 8 日，湖北长阳土家族自治县供电员工在为易地扶贫搬迁户新家架线供电，保障配套电网建设与小区工程建设同步完成

一、国家电网精准扶贫工作概述

2019年是新中国成立70周年，也是我们党团结带领全国人民打赢脱贫攻坚战取得重大决定性成就的关键一年。习近平总书记指出：“让人民过上幸福美好的生活是我们的奋斗目标，全面建成小康社会一个民族、一个家庭、一个人都不能少。”“扶贫开发是全党全社会的共同责任，要动员和凝聚全社会力量广泛参与。”“国有企业要承担更多的扶贫开发任务。”

基础设施建设是贫困地区和贫困群众摆脱贫困的基本要素与重要保障。长期以来，国家电网有限公司（以下简称国家电网或国网）认真学习贯彻习近平总书记扶贫重要论述，始终把服务脱贫攻坚作为重大政治任务，不忘初心、牢记使命，牢固树立“人民电业为人民”的企业宗旨，积极践行国有企业“六个力量”，把人民对美好生活的向往作为奋斗目标，坚持精准方略，坚持从严要求，结合行业特点，发挥企业优势，用可靠的电力保障和一流的供电服务，积极助力打赢脱贫攻坚战，努力探索富有电网企业特色的扶贫开发之路，以实际行动为党分忧、为国尽责。

截至2019年底，国家电网充分利用行业优势，聚焦夯基础持续实施新一轮农网改造升级工程，显著改善农村地区用电条件，实现了除西藏的自然村外所有自然村通动力电；聚焦攻堡垒，加快“三区两州”（西藏自治区，四川、甘肃、青海三省藏区，南疆四地州，四川凉山州，甘肃临夏州）等深度贫困地区和中西部贫困县电网建设，为脱贫攻坚和产业发展注入强劲动力；聚焦促发展，加强西藏、新疆、青海电力外送通道建设，藏电、疆电、青电外送屡创新高，促进西部地区资源优势向经济优势转化；聚焦履责任，种好定点扶贫“责任田”，青海玛多县、湖北神农架林区和秭归县实现脱贫摘帽，湖北巴东县和长阳土家族自治县申请摘帽；派遣5300余名扶贫人员赴全国1958个帮扶点助力地方脱贫攻坚，带动近33万贫困群众脱贫，为打赢脱贫攻坚战、全面建成小康社会贡献力量。

二、国家电网精准扶贫模式构成

脱贫攻坚，电力先行。国家电网坚持以习近平新时代中国特色社会主义思想为指导，秉承“人民电业为人民”的企业宗旨，充分发挥电网企业特色和优势，聚焦电网建设与改造、提供电力服务保障、助力定点扶贫地区脱贫摘帽三大目标，通过行业扶贫、定点扶贫、系统扶贫三大实施路径，深化公司服务脱贫攻坚精准行动，打造多层次立体式“心所向，通未来”扶贫模式，不忘初心，充分发挥央企“顶梁柱”和“排头兵”作用，聚焦扶贫事业，助力经济社会通向美好未来。

（一）主体模块构成

国家电网“心所向，通未来”精准扶贫模式的主体模块包括扶贫理念、扶贫目标、扶贫实践、保障措施等四个部分。

扶贫理念是国家电网精准扶贫工作的引领。国家电网秉持“人民电业为人民”的企业宗旨，坚持“精准扶贫，电力先行”的责任引领，将国家五大发展理念融入工作实际，做好电力服务经济社会发展的“先行官”，

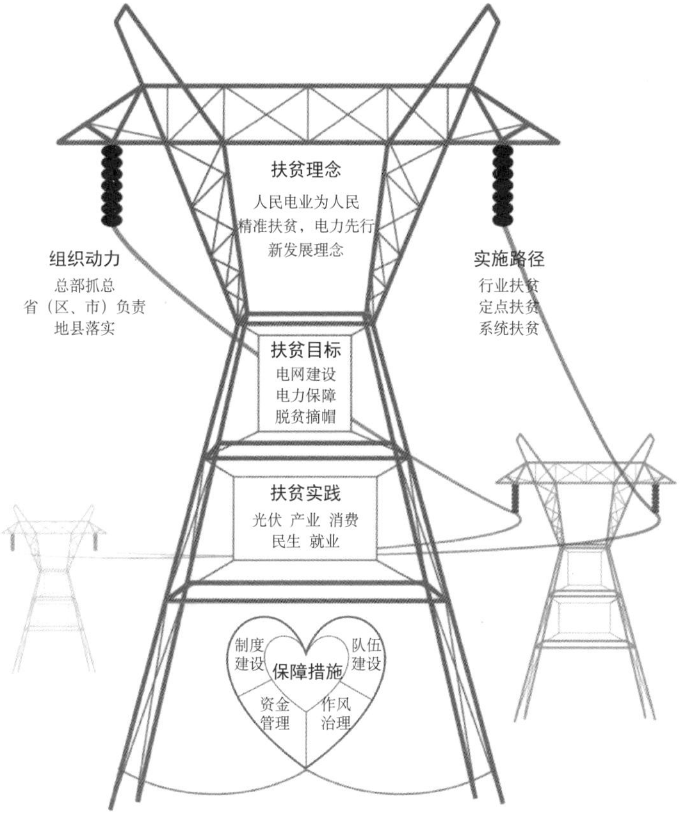

国家电网"心所向，通未来"精准扶贫模式

架起党和人民群众之间的"连心桥"，为国民经济高质量发展和人民幸福美好生活助力加油。

扶贫目标明确了国家电网精准扶贫工作的总体目标，即把加强电网基础设施建设作为服务脱贫攻坚的主战场，提高电力服务保障水平，不断加大定点扶贫工作力度，助力扶贫点脱贫摘帽。

国家电网在着力推进行业扶贫、定点扶贫、系统扶贫三大路径基础上，深度开展扶贫实践，形成光伏、产业、消费、民生、就业五大扶贫领域，使人民的获得感、幸福感和安全感更加充实、更有保障、更可持续。

国家电网精准扶贫工作的保障措施主要包括制度建设、队伍建设、资金管理、作风治理四个方面。制度建设为扶贫工作的具体开展提供了实施依据，队伍建设和资金管理为扶贫工作提供了人力与财力保障，作风治理确保了扶贫工作的落实。

（二）组织动力与实施路径

组织动力是指国家电网推进扶贫工作的组织架构体系，即“总部抓总、省（区、市）负责、地县落实”的电力扶贫工作机制。国家电网成立以董事长、党组书记为组长，总经理、党组副书记和专职副书记为副组长的扶贫工作领导小组。成立扶贫办，专设扶贫工作处，加强扶贫工作力量。将扶贫工作纳入各部门、各单位重点攻坚任务，明确各项行动牵头部门，加强工作协同，保障扶贫工作顺利实施。

国家电网扶贫工作主要从三大实施路径展开，围绕强化行业扶贫、深化定点扶贫两条主线，全力实施服务脱贫攻坚十大行动计划，着力提高贫困地区电网支撑能力，着力强化扶贫项目电力保障和优质服务，着力支持公司定点扶贫县和扶贫点脱贫摘帽，同时承担着地方各级党委、政府的脱贫攻坚任务，多方面系统化带动贫困群众脱贫致富，为全面打赢脱贫攻坚战做出更大贡献。

三、国家电网精准扶贫模式内涵解读

（一）扶贫理念

脱贫攻坚是党中央提出的重要政治任务，关乎第一个百年奋斗目标的实现。国家电网作为党中央直接管理的、关系国民经济命脉和国家能源安全的特大型国有重点骨干企业，始终将助力打赢精准脱贫攻坚战作为践行党中央决策部署的重要体现，把服务脱贫攻坚作为当前最大的政治责任。同时，脱贫攻坚是当前国家电网重大的社会责任，体现其作为中央企业的责任担当和在社会中的表率作用。

1. 秉承“人民电业为人民”的企业宗旨

坚持以人民为中心的发展思想，是习近平新时代中国特色社会主义思想的核心理念。精准扶贫、精准脱贫，是对以人民为中心发展思想的深刻、集中、生动的体现和阐释，充分展现了习近平总书记真挚的为民情怀、务实的工作作风和科学的思想方法。

“人民电业为人民”是以人民为中心的思想理念在国家电网的集中体现，是对国家电网为人民服务的初心和使命的高度概括。在国家全力推进脱贫攻坚的背景下，国家电网始终心系贫困群众，把服务脱贫攻坚作为重大政治任务，认真贯彻习近平总书记扶贫重要论述，在国务院扶贫办、国务院国资委等有关部委的指导下，坚持把满足人民群众美好生活的用电需求作为根本出发点，坚持把“人民电业为人民”的企业宗旨贯穿于扶贫工作的始终，用可靠的电力保障和一流的供电服务，助力打赢脱贫攻坚战。

2. 坚持“精准扶贫，电力先行”的责任引领

电网是农村经济社会发展重要的基础设施，关系农民生活、农业生产和农村繁荣。与城镇电网相比，农村电网差距比较明显，电力扶贫可以使城乡电网发展协调共进、全面建成小康社会更有保障。

国家电网作为关系国民经济命脉和国家能源安全的特大型国有重点骨干企业，天然承担着保障安全、经济、清洁、可持续电力供应的基本使命。在扶贫工作中，国家电网始终以“精准扶贫，电力先行”为责任引领，立足专业基础，扎实推进贫困地区电网建设、提高电力普遍服务水平、因地制宜开发利用当地可再生能源，满足人民美好生活的用电需求，改善贫困地区生产生活条件，努力用实际行动为中央企业助力打赢脱贫攻坚战发挥示范引领作用，为保障扶贫开发大局提供源源不断的内生动力。

3. 融合“创新、协调、绿色、开放、共享”的发展理念

中国的扶贫开发事业，始终离不开经济社会发展的大背景。新发展理念对打赢精准脱贫攻坚战、增强发展动力、厚植发展优势具有重大指导意义。

国家电网坚持“创新、协调、绿色、开放、共享”的新发展理念并将其贯穿于扶贫工作的始终，在结合自身专业优势和特点的基础上，不断探索具有电网企业特色的扶贫开发路径。创新光伏扶贫模式，推动构建“政府主导、市场运作、专业运维”的运维长效机制；聚力供电服务保障，努力推进贫困地区基础设施建设与扶贫产业协调可持续发展；践行绿色发展理念，精准培育生态环保扶贫项目和“电能替代”示范工程；实施开放合作战略，积极投身社会扶贫协作，凝聚脱贫攻坚更大合力；发挥企业平台优势，全力支撑光伏扶贫和消费扶贫等信息资源社会化共享。

（二）扶贫目标

1. 深入推进贫困地区电网建设

坚决贯彻落实党中央决策部署，在打赢脱贫攻坚战中发挥好支撑和保障作用。2020年上半年，全面完成“三区两州”深度贫困地区和抵边村寨电网建设任务，解决“三区两州”和国家级贫困县电网网架结构薄弱、供电能力不足问题，保障脱贫攻坚用电需求。

2. 做好国家重点扶贫项目电力服务保障

做好国家重点扶贫项目电力服务保障，为扶贫项目、扶贫企业提供优质用电服务。服务光伏产业扶贫，主动做好接网服务和技术支撑；保障易地扶贫搬迁项目用电，配套电网工程与搬迁项目同步建成；积极推进乡村电气化提升工程，提升农业生产、乡村产业、农村生活电气化水平。

3. 加大定点扶贫工作力度，助力扶贫点脱贫摘帽

按照中央“四不摘”的要求，保持对定点扶贫县力度不减。持续实施电网补强、光伏扶贫、产业扶贫、民生改善、教育医疗、消费扶贫等重点项目，助力定点扶贫的“四县一区”（湖北巴东县、长阳县、秭归县、神农架林区和青海玛多县）全面打赢脱贫攻坚战。加强国家电网帮扶点扶贫工作，2020年上半年所有帮扶点全部实现脱贫摘帽。

（三）实施路径

国家电网将“六个精准”和“五个一批”等重要指示充分融入扶贫工作的具体实践，坚持精准方略，推进分类施策，不断创新电力扶贫模式，充分发挥行业优势，实施行业扶贫、定点扶贫、系统扶贫，为精准扶贫工

作的开展提供了可借鉴、可复制、可推广的典型经验，在中央企业中发挥了示范引领作用。

1. 行业扶贫领域实践

国家电网充分发挥电力在扶贫工作中的支撑作用，持续推动“三区两州”深度贫困地区电网建设，集中力量加强电网供电可靠性和清洁能源消纳、开发与外送能力，着力解决甘肃、青海、四川三省藏区和南疆地区网架结构薄弱问题，夯实电网扶贫基础，提高经济社会发展的服务能力。

（1）加快贫困地区电网建设改造

实施农村电网建设改造工程是加快城乡基本公共服务均等化进程的重要举措，对促进农村消费升级、带动相关产业发展和拉动有效投资具有积极意义。国家电网认真贯彻落实国家战略部署，发挥电力普遍服务优势，持续加大贫困地区电网建设力度，全面推动农村电网提档升级，让广大人民群众从“用上电”到“用好电”。

针对经营区内深度贫困地区“三区两州”和国家级贫困县电网与主网联系薄弱、供电能力不足等突出问题，国家电网部署开展深度贫困地区电网升级攻坚工程，着力实现大电网延伸范围内的所有贫困村动力电全覆盖。2017 年底，国家电网建设的由 108 级电杆架成，总长 15 千米，起于曲桑变电站，跨越海拔 5000 米的日拉山的输电线路，通进只有 9 户人家的西藏玉麦乡，这是国家电网推进“三区两州”深度贫困地区电网建设、全力助推深度贫困地区脱贫攻坚的具体实践，体现了对西藏边疆地区发展建设与民生改善的深情牵挂。

（2）保障重点项目接网配网建设

国家电网坚决贯彻习近平总书记关于光伏扶贫的指示精神，认真落实国家光伏扶贫政策，将服务光伏扶贫作为重要抓手，围绕“电站同步并网、电量全额消纳、收益及时支付”工作目标，全力以赴担起电站并网重任，提升光伏扶贫服务水平，有力保障国家光伏扶贫政策落地生效，为贫困群众脱贫提供稳定、可持续的资金保障。安徽省自 2013 年起将光伏扶贫列为精准扶贫的重要措施之一，不断提升能源发电装机规模及新能源发电量，光伏扶贫电站全部实现并网发电，并达到全额上网消纳。

易地扶贫搬迁是脱贫攻坚“五个一批”精准扶贫工程的重要举措。国家电网积极落实党中央关于做好易地扶贫搬迁配套电网建设的决策部署，按照“实施一个项目、安置好一方群众、实现一方人脱贫”的要求，积极主动对接地方政府，及时将有关供电项目纳入配网规划建设，确保配套供电设施与易地扶贫搬迁项目做到同步规划、同步实施、同步建成。甘肃古浪县自 2010 年开始全力推进黄花滩生态移民暨扶贫开发工程，国家电网为做好移民搬迁的“先行官”，8 年间，在黄花滩移民区架设配电变压器 150 台，容量 1.3 万千伏安，新建 10 千伏线路 24.8 千米，0.4 千伏线路 50 千米，为当地移民生产生活可靠用电提供了充足的电力保障。

（3）助力资源优势向经济优势转化

国家电网认真贯彻落实党中央“治边稳藏”战略和“一带一路”倡议，加快补强西部贫困地区网架结构，推动西藏、青海、甘肃、新疆等贫困地区电网跨越式发展，大幅提升电网供电可靠性和清洁能源消纳、开发与外送能力，有力促进区域社会协调发展。特大电网工程及电力外送通道建设工程包括青藏联网工程、川藏联网工程、新疆 750 千伏莎车至和田输变电工程、甘肃—湖南 ±800 千伏特高压直流输变电工程等。

国家电网充分发挥电力市场化交易、大电网外送的企业优势，促成西部省份参加市场化交易，外送风电、水电、光伏发电等清洁能源至中东部省份消纳，使西部省份获得交易电费收益，实现了贫困地区资源优势向经济优势的转化与释放。

（4）增强西部电网企业服务能力

为增强西部电网企业发展能力、管理水平和投资能力，2019 年国家电网成立东西帮扶基金，首期募资 280 亿元，帮助贫困地区电网企业增强发展能力，改善县域电网健康水平。发挥公司集团化运作的优势，深化企业内部资源调配，通过投资、成本、资金、电量、物资、人才、施工队伍等帮扶政策，对四川、甘肃、青海、新疆、西藏等西部电网公司进行帮扶，增强西部电网企业服务地方经济社会发展的能力，助力中西部地区脱贫攻坚最大限度发挥作用。

（5）带动贫困家庭劳动力就业

国家电网通过扶贫培训、专项培训、就业吸纳等多项措施，帮扶解决贫困地区的就业问题。开展扶贫培训班，对扶贫干部、地方政府基层干部、当地贫困户和技术人员进行扶贫培训。依托光伏学院，打造“学习+监控+运维”的扶贫新模式，积极配合国务院扶贫办和社会培训机构，开展分布式光伏电站运维培训和认证，培育光伏电站专业化运维人员。国网西藏、新疆、甘肃、青海、四川、湖南电力通过供电服务公司和产业扶贫项目积极吸纳贫困人口就业。

2. 定点扶贫领域实践

定点扶贫是中国特色扶贫开发事业的重要组成部分，是党中央、国务院做出的重大决策。国家电网作为关系国计民生的国有骨干企业，一直以来把助力脱贫攻坚当作重大政治责任，立足天然的资源优势和行业基础，将定点扶贫工作与人民群众紧密相连，结合定点扶贫“四县一区”资源禀赋，通过引资、引智、引商支持定点扶贫，通过实施光伏扶贫、产业扶贫、消费扶贫等重点项目提高扶贫成效，激发贫困地区群众的内生动力，释放电能活力，变“大水漫灌”为“精准滴灌”，提升“四县一区”造血功能，助力脱贫攻坚定点扶贫区县全覆盖。

（1）光伏扶贫，发挥电力扶贫支撑作用

国家电网立足“四县一区”实际特点，充分发挥群众内生动力，开创了定点扶贫与光伏扶贫有机结合的“政府主导、市场运作、专业运维、捐赠方监督”新模式，出资建设光伏扶贫电站、严把光伏扶贫电站质量、建立保障电站可持续运维管理机制，所有收益全部用于扶贫，同时对户用及村级光伏扶贫电站发放补贴，打造全国光伏扶贫的标杆示范工程，既发展了清洁新能源，又实现了贫困群众长期稳定受益，确保了稳定扶贫、长效扶贫。

（2）产业扶贫，激发贫困群众内生动力

国家电网积极探索符合“四县一区”扶贫产业发展路子，立足各贫困县的自身优势，开展造血式扶贫，使贫困人口获得持续、稳定的收益，激发当地贫困群众的内生动力，保障贫困地区脱贫的可持续性。

根据当地特点，构建生态农业、中蜂养殖、电炒茶、冷库建设、乡村旅游、电能替代、汽车美容等特色产业。如在湖北神农架林区发展中蜂养殖产业；在湖北长阳土家族自治县帮助无产业贫困户发展瓜蒌种植产业，打造集观赏性、收益性、持久性于一体的“绿色银行”；帮助三峡库区茶叶合作社升级茶叶电加工设备，减少污染物排放；帮助青海玛多县建设清洁采暖电锅炉等配套设施，实现全县清洁电供暖，有效解决高海拔地区传统燃煤取暖价格高、燃烧不充分、热效率低、污染严重等问题。

国家电网开辟了产业扶贫办电绿色通道，提供“一站式”供电服务，推进高压客户“省时、省力、省钱”和低压小微企业客户“零上门、零审批、零投资”的办电服务，同时落实国家降电价政策，降低了贫困地区群众开展适宜当地产业项目的入门门槛。

（3）消费扶贫，搭建对接合作平台

国家电网大力实施消费扶贫，积极探索扩大消费扶贫有效做法，结合贫困地区资源禀赋，发掘培育特色农产品，打造优质品牌，强化宣传推广，拓宽销售渠道，推动公司全体力量共同参与脱贫攻坚，有效促进了贫困人口稳定脱贫和贫困地区长远发展。

国家电网搭建“慧农帮”线上销售平台，在定点扶贫县成立5家线下实体店，有效支撑扶贫产品展示与销售，构建消费扶贫线上线下一体化供应链，疏通扶贫产品流通环节，畅通供货和支付渠道，促进贫困群众增收。开展爱心订购，组织扶贫产品进食堂、进营业厅、进工会慰问品活动，号召各单位和干部职工参与消费扶贫。在7家省公司试点开展消费扶贫“新零售”，在城市供电营业厅建设“互联网＋扶贫”实物展销专区。试点“存电费 送特产”活动，动员客户捐赠积分，吸引广大电力客户参与消费扶贫。

（4）民生扶贫，助力“两不愁三保障”

长期以来，国家电网围绕教育、医疗、基础设施建设等方面开展民生扶贫，助力“两不愁三保障”，巩固脱贫成果。将教育扶贫作为扶贫工作的重要举措，通过开展阳光助学、援建教学设施、结对帮扶等措施，不断提升贫困地区教育水平。开展医疗扶贫新模式，不断强化贫困地区健康服务条件，减轻贫困群众就医负担，增强贫困群众自我保障和生存能力。捐赠实施道路建设、安全饮水、危房改造、便民活动中心等项目建设，支持“四县一区”基础设施建设，不断提升贫困地区基础设施服务水平。

3. 系统扶贫领域实践

除定点扶贫的“四县一区”外，国家电网还承担着地方各级党委政府的脱贫攻坚任务。为保障精准扶贫全面实施，确保系统扶贫实效，国家电网发挥“强前端·大后台”作用，通过电网建设、捐赠资金、爱心捐赠、阳光助学等多种形式，支持驻村干部工作，派驻帮扶人员直接到扶贫一线参与攻坚。按照地方党委政府工作要求，结合扶贫点实际，帮扶扶贫点强化基层党组织和农村“三支队伍”建设，通过发展扶贫产业、开展教育、医疗帮扶等措施，多方面系统化带动贫困群众脱贫致富。

（四）保障措施

国家电网将服务脱贫攻坚作为重大的政治任务，成立扶贫工作领导小组，成员单位覆盖总部 17 个部门，超过半数部门参与扶贫工作。建立健全工作机制，压实攻坚责任，多次召开专题会议研究部署扶贫工作，全面指导公司系统各单位服务地方脱贫攻坚，保障扶贫工作精准、高效实施。

1. 制度建设，完善机制

建立和完善脱贫攻坚的制度体系，是各项扶贫工作精准实施的基础。国家电网高度重视扶贫制度建设，编制行动实施规划计划，研究制定具体落实措施，构建扶贫督查巡查工作常态机制，将绩效考核纳入贫困地区电网攻坚建设、扶贫项目用电保障、光伏扶贫项目接网、东西扶贫协作帮扶、易地扶贫搬迁电网配套、扶贫捐赠资金使用管理等重点任务关键指标评价。在签订《中央单位定点扶贫责任书》的基础上，先后下发《国家电网有限公司关于实施全力服务脱贫攻坚十大行动计划的意见》《定点扶贫县扶贫工作管理办法》《国家电网有限公司扶贫捐赠实施细则》《易地扶贫搬迁配套电网建设指导意见》《关于开展国网阳光扶贫攻坚工作的意见》《国家电网有限公司关于加快推进西藏及四川、甘肃、青海藏区工作的意见》《关于加强派驻扶贫人员管理的意见》等管理制度，覆盖扶贫工作管理的各个层面，切实做到了管理有序、工作有据，确保脱贫工作精准、高效。

2. 队伍建设，培养人才

实现精准脱贫，人才是关键。为进一步提高精准扶贫效率，强化驻村帮扶，国家电网选派政治素质好、工作能力强、有吃苦奉献精神、熟悉基层工作的优秀干部，直接到扶贫一线参与攻坚。充分发挥公司共产党员服务队的作用，建立党员与贫困户结对帮扶机制，架起联系贫困群众的连心桥；按照公司《关于加强派驻扶贫人员管理的意见》，落实扶贫干部待遇；发挥考核的正向激励作用，持续完善监督评价机制；搭建交流平台，组织座谈交流会、现场观摩、案例教学或专题报告会，促进派驻扶贫人员的交流学习，提升扶贫队伍履职能力和整体素质。

3. 资金到位，监督保障

国家电网不断增加对贫困地区电力基础设施建设和提高基本电力服务水平的投入，并为保障扶贫资金精准用于扶贫项目，实施《国家电网有限公司扶贫捐赠实施细则》，实现公司扶贫捐赠统筹管理。制定扶贫督查巡查工作方案，聚焦责任落实不到位、扶贫措施不精准、扶贫捐赠资金使用不规范、对扶贫一线人员关心重视不够等突出问题，构建扶贫督查巡查工作常态机制，推动十大行动二十条举措在各级单位落实。

4. 作风治理，强化担当

聚焦深度贫困地区，开展扶贫领域腐败和作风专项治理，是脱贫攻坚的必然要求。国家电网不断加强对员工的作风治理，宣贯党的十九大精神，牢固树立“四个意识”，提高政治站位，强化责任担当，清除作风问题根源，提前防范作风问题滋生，构建公司扶贫领域作风治理长效机制，扶贫领域作风明显改善。通过坚持问题导向、坚持立行立改、坚持完善制度、坚持强化监督，保证脱贫攻坚各项政策措施全面落实，确保公司扶贫任务高质量完成。

（五）主要成效

1. 行业扶贫主要成效

（1）补齐贫困地区电网发展短板

2006—2015 年，国家电网实施“户户通电”工程，累计投资 381 亿元，解决 191.7 万无电户、749.5 万人口的用电问题。2015 年 6 月，提前半年完成国家能源局下达的《全面解决无电人口用电问题三年行动计划（2013—2015 年）》确定的任务，全面实现经营区域内户户通电。2016—2017 年，按照国家部署，公司实施了新一轮农网改造“两年攻坚战”，完成了 153.5 万眼农田机井新通电及改造、6.6 万个小城镇（中心村）电网改造升级、7.8 万个自然村新通动力电及改造三大专项工程，其中“村村通动力电”投资 212.5 亿元，解决了 7.8 万个自然村不通动力电的问题，惠及人口超过 3600 万，实现除西藏外自然村全部按标准通动力电。2018 年以来，实施深度贫困地区电网攻坚行动，累计完成投资268亿元，推进西藏孤网县城联网工程、抵边村寨建设，着力解决“三区两州”电网网架结构薄弱问题，提前完成甘肃藏区、临夏州和南疆四地州电网攻坚任务，西藏地区大电网延伸覆盖至66个县城。中西部贫困地区电网完成投资306亿元，提前一年完成新一轮农网改造升级任务。除“三区两州”外国家级贫困县农网供电服务水平接近本省平均水平，除西藏外公司经营区内自然村全部按标准通动力电。

（2）助力贫困地区资源优势转化

建成青藏联网、川藏联网、新疆—安徽、甘肃—湖南、藏中联网等特大电网工程，开工青海—河南特高压直流、南疆电网延伸补强等重点工程。实现清洁能源大规模外送，2018年以来，疆电、青电、藏电分别外送新能源1218亿千瓦时、322亿千瓦时、26亿千瓦时，完成扶贫专项电力交易27亿千瓦时。

（3）增强重点区域电网保障能力

启动2019年南疆四地州“煤改电”配套电网工程，惠及南疆224个乡镇、1205个村、31.6万户居民。在习近平总书记“精准扶贫”重要理念首倡地湖南湘西土家族苗族自治州，配合政府规范电力市场，接管3家代管县公司、24个地方自供区，居民电价由平均每千瓦时1.1元降至0.588元。推进革命老区90项重大电网工程建设，支撑老区开发建设与脱贫攻坚。

（4）提升重点扶贫项目供电服务保障

一是服务光伏产业扶贫，形成光伏扶贫电站接网建设工程国家标准4项，保证配套电网与光伏扶贫电站同步建成，累计完成投资40亿元，接入容量2047万千瓦，结算电费59.08亿元，转付国家补贴49.64亿元，惠及288万贫困户，圆满完成“十三五”光伏扶贫项目接网任务。根据国务院扶贫办安排，开展村级光伏扶贫电站设备级运行数据接入，完成3.8万座电站接入。运用大数据、云计算等互联网技术，构建故障精准研判、运行效率分析等模型，为全国光伏扶贫产业发展和政府监督提供平台支撑。二是优化贫困地区产业发展环境，提升办电效率，高压办电环节压减到4个、办电时间压缩至50天以内，低压办电环节压减到3个以内、办电时间压缩至15天以内，累计降低客户用电成本3008亿元，农业生产、乡村产业、农村生活电气化水平得到提升。三是持续推进易地扶贫搬迁配套电网建设，2016年以来累计完成易地扶贫搬迁配套电网建设投资42.4亿元，完成1.03万个集中安置点的配套电网建设任务，保障了77.11万安置户278.88万人可靠用电。

2. 定点扶贫主要成效

（1）实施光伏扶贫，解决贫困村“空壳”问题

2016—2018年，国家电网在定点扶贫的“四县一区”共投资7.3亿元，建设7座集中式光伏电站，247座村级光伏扶贫电站，覆盖了“四县一区”所有的建档立卡贫困村。这些光伏扶贫电站已累计发电2.52亿千瓦时，产生收益1.53亿元，每年可给每个村提供约19万元（含补贴）扶贫资金，光伏扶贫电站运行时间可超过25年，有效支撑了当地贫困村集体经济和产业发展，助力“四县一区”10万余贫困人口全面脱贫。不断创新实践村级光伏扶贫电站新模式，实现贫困村可持续增收。

（2）激发内生动力，实施特色产业扶贫

2016年以来，国家电网结合定点扶贫地区资源禀赋，投入捐赠资金6715万元，实施生态农业、中峰养殖、电炒茶等产业扶贫项目81项，开

展造血式扶贫，使贫困人口获得持续、稳定的收益，激发了当地贫困群众的内生动力。

（3）搭建发展平台，创新消费扶贫模式

大力实施消费扶贫，国家电网结合贫困地区资源禀赋，发掘培育特色农产品，打造优质品牌，推动公司全体力量共同参与脱贫攻坚，有效促进了贫困人口稳定脱贫和贫困地区长远发展。2018 年以来，购买和帮助销售定点扶贫县区和国家级贫困县扶贫农产品超过 1.26 亿元。

（4）关注民生改善，助力“两不愁三保障”

聚焦影响“两不愁三保障”突出问题，2016 年以来，国家电网投入捐赠资金 3340 万元，不断提升贫困地区基础设施服务水平；捐赠 2830 万元，开展阳光助学、援建教学设施、结对帮扶等措施，不断提升贫困地区教育水平，资助“四县一区”高中优秀贫困生、贫困大学生 2700 名；捐赠 700 万元，组织开展医疗巡诊，赠送医疗设备，不断强化贫困地区健康服务条件，提升医疗服务能力。

3. 系统扶贫主要成效

国家电网发挥系统优势，大力支持各单位完成地方脱贫攻坚任务，向帮扶点派驻第一书记以及工作队，并通过产业扶贫、教育扶贫、医疗扶贫、党建扶贫等措施，24 家省级电力公司先后帮扶全国 1909 个扶贫点、10.28 万贫困户、近 33 万贫困人口实现脱贫。

四、国家电网精准扶贫工作展望

2020 年是脱贫攻坚决战决胜、全面收官之年，也是全面建成小康社会目标实现之年。国家电网将坚持以习近平总书记扶贫重要论述为指导，认真学习贯彻习近平总书记在决战决胜脱贫攻坚座谈会上的重要讲话精神，落实公司 2020 年脱贫攻坚“一个确保、四个全力”（确保如期高质量完成公司脱贫攻坚任务；全力攻克“三区两州”深度贫困地区最后堡垒，全力实现定点扶贫地区如期摘帽，全力打造行业扶贫国网样板，全力拓展东西帮扶深度广度）的总体要求，具体做到“四个保”（保质量、保进度、保安全、保廉洁），坚定信心不动摇，咬定目标不放松，夺取公司扶贫工作的最后胜利，在决战决胜脱贫攻坚中展现国网担当，为全面建成小康社会贡献国网力量。

新时代呼唤新担当、新时代孕育新使命、新时代催生新要求，在这个千帆竞发、百舸争流的新时代，国家电网将紧紧围绕以习近平同志为核心的党中央，将“国企姓党”贯穿企业改革发展始终，坚持“人民电业为人民”的企业宗旨，努力推动建设“具有中国特色国际领先的能源互联网企业”战略目标，勇立潮头、奋勇搏击，在服务党和国家工作大局、服务经济社会发展和人民美好生活中继续站排头、做表率，为实现中华民族伟大复兴的中国梦再添新动能、再做新贡献！

国家电投“一体两翼双驱动”精准扶贫模式

国家电投在陕西延川县建设果蔬大棚，开展产业扶贫

国家电投在河南商城县建设村级电站，开展光伏扶贫

国家电投帮助四川美姑县贫困百姓建设彝家新寨，开展民生扶贫

国家电投在陕西延川县建设服装加工厂，带动当地就业增收

国家电投在河南商城县投资建设稻鸭共作产业扶贫标准示范基地

国家电投举行“圆梦大学、金秋助学、慈善助学、扶贫助学”行动助学金发放暨大学新生欢送仪式

光伏扶贫前贫困地区的原始地貌

建设光伏电站并种植牧草后的地貌

国家电投在贵州威宁县投资建设贵州省第一个“农光互补”光伏电站，图为村支书展示“农光互补”项目收获的土豆

一、国家电投精准扶贫工作概述

党的十九大把打赢脱贫攻坚战作为决胜全面建成小康社会的重要内容摆到治国理政的重要位置。国家电力投资集团有限公司（以下简称国家电投）积极履行社会责任，始终将脱贫攻坚作为民心工程，将扶贫工作视为良心工作，躬身践行央企“六种力量”，将主业发展与扶贫惠贫紧密结合，发挥国家电投清洁能源产业优势，按照“绿色电力 + 扶贫 + 生态”理念，探索形成了具有自身特色的“一体两翼双驱动”精准扶贫模式，成为带动经济增长的强劲引擎，达到以发展促扶贫、以扶贫促发展的双赢目标，走出一条具有国家电投特色的精准扶贫之路。

截至 2019 年底，国家电投定点扶贫涉及 17 个省区 37 个县，合计 77 个对口帮扶村。其中，国家级扶贫任务 3 个，位于陕西延川县、河南商城县、四川美姑县；各省市地方政府委托的扶贫任务 34 个，主要位于云南怒江地区、青海藏区、新疆和田地区，以及贵州纳雍和江西等连片特困地区。国家电投累计投入扶贫资金 88.30 亿元，其中，定点扶贫 2.39 亿元，光伏扶贫 81.8 亿元，中央产业扶贫基金 3 亿元；选派扶贫干部 360 余人次，目前在岗 105 人；惠及贫困人口 51 余万人，直接帮扶脱贫 12.69 万人。2019 年已投入帮扶资金近 7000 万元，包括陕西延川、河南商城两个国家级定点扶贫县及直接帮扶的 70 余个村已顺利实现脱贫摘帽。

二、国家电投"一体两翼双驱动"精准扶贫模式构成

国家电投将扶贫作为一项央企社会责任和政治担当，提升至企业发展战略的高度。按照"以发展促扶贫，以扶贫促发展"的思路，将产业发展与精准扶贫有机结合，发挥清洁能源产业优势，按照"绿色电力+扶贫+生态"的理念，形成具有清洁能源发电企业特色的精准扶贫模式——国家电投"一体两翼双驱动"精准扶贫模式。这一模式既是对国家电投长期以来扶贫实践的全面总结，也是对原有扶贫理念的提炼和升华，体现出国家电投将精准扶贫全面融入企业战略、管理和运营的战略眼光。

1. 模式示意图

国家电投"一体两翼双驱动"精准扶贫模式模式由"一体"和"两翼"两部分构成。"一体"是该模式的主干，包括扶贫理念、扶贫路径、扶贫原则、保障措施和扶贫特征，体现出国家电投开展精准扶贫工作的系统性；"两翼"是"一体"的延伸，包括发展效益和生态效益，体现出国家电投精准扶贫工作的两大目标及相关成效。

2. 模式的构成

"一体"作为模式的核心主体，包括扶贫理念、扶贫路径、扶贫原则、保障措施和扶贫特征五个子模块。

扶贫理念——"以发展促扶贫，以扶贫促发展"，体现了国家电投以专业优势贡献精准扶贫的底层逻辑，也是公司参与精准扶贫的价值驱动力。这一理念将扶贫与发展融合为一个和谐统一体，两者互为动力，在管

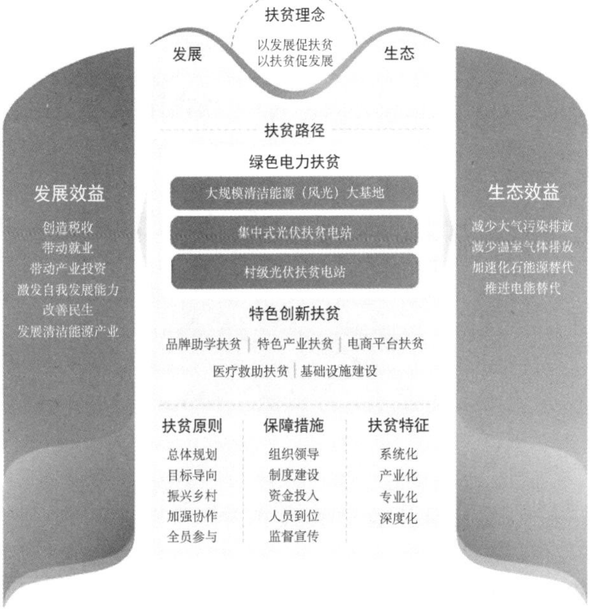

国家电投“一体两翼双驱动”精准扶贫模式

理层面形成闭环，具有可持续的内生动力。形成这一扶贫理念的基础是国家电投的主责、主业，即“发展”指的是清洁能源发电产业，“扶贫”指的是以绿色电力扶贫和特色创新扶贫带动生态环境改善，实现带动贫困地区精准扶贫、精准脱贫。

扶贫路径包括绿色电力扶贫和特色创新扶贫两个部分。其中，绿色电力扶贫是国家电投精准扶贫工作的突出特点，包括大规模清洁能源（风光）大基地、集中式光伏扶贫电站和村级光伏扶贫电站的扶贫方式。大规模清洁能源（风光）大基地的特点是投资规模巨大、装机容量大、占地面积大，规模效应显著，扶贫与生态保护、促进地方经济发展作用突出。集中式光伏电站的特点是投资规模较大、装机容量较大、占地面积较大，规模效应明显，在项目运营期内，可持续提供帮扶资金。村级光伏扶贫电站的特点是投资规模小、装机容量小、项目运营灵活，脱贫兜底保障作用强。三大绿色电力扶贫路径在客观上起到了加速推进电能替代、改善我国能源结构的作用，同时，能够加强对贫困地区的环境和生态保护，有助于打造地方新能源产业链，促进经济、社会、环境可持续发展。特色创新扶贫包括品牌助学扶贫、特色产业扶贫、电商平台扶贫、医疗救助扶贫和基础设施扶贫，是国家电投按照党中央、国务院提出的精准扶贫战略要求，结合公司实际和贫困地区需求，在扶贫工作实践中逐步摸索形成的扶贫路径。

扶贫原则是国家电投开展精准扶贫工作遵守的原则，包括“总体规划，分步实施”“目标导向，精准脱贫”“清洁发展，振兴乡村”“加强协作，力求长效”“两级管理，全员参与”。它是国家电投贯彻落实党中央、国务院关于脱贫攻坚的决策部署，将中央企业扶贫援助工作与贯彻落实党的十九大及中央企业扶贫开发工作会议精神紧密结合，将坚决打赢脱贫攻坚战与提高政治站位、服务国家战略、履行央企社会责任的目标和使命相结合，具体落地精准扶贫工作的指导原则，有助于提高精准扶贫整体效率。

保障措施是国家电投开展精准扶贫工作的保障手段，包括组织领导、制度建设、资金投入、人员保障和监督宣传五个方面，为有组织、有计划、高效率地推进精准扶贫工作提供全方位保障。

扶贫特征是国家电投开展精准扶贫实践的典型特色，包括系统化、产业化、专业化和深度化四个方面，体现了国家电投始终将脱贫攻坚作为央企责任、政治任务，立足产业优势，深耕深度贫困地区，走出一条具有企业特色的精准扶贫新路子。

“两翼”是国家电投开展精准扶贫的目标和成果，包括发展效益和生态效益两个方面。发展效益是指推动贫困地区的自我发展成果。国家电投因地制宜，精准施策，以“扶持一个产业、致富一方百姓”为目标，通过投入一定的资源扶持贫困地区改善生产和生活条件、提高贫困群众的科学文化水平，以激发贫困地区自我发展的内生动力，帮助他们走上从脱贫到致富的道路。生态效益是指国家电投为贫困地区生态保护带来的正面积极影响。国家电投在扶贫过程中全力推动绿色电力扶贫，例如将风电及装机容量全球第一的光伏发电产业与脱贫攻坚紧密结合，以打造“绿色电力 + 扶贫 + 生态”示范项目，实现温室气体减排，为贫困地区创造一个“绿水青山”的生态宜居环境，打造扶贫、生态、发展共赢的新模式。

3.“一体”与“两翼”之间的关系

“一体”和“两翼”模块共同构成国家电投“一体两翼双驱动”的精准扶贫模式。“一体”体现的是国家电投开展精准扶贫工作的理念、路径、原则、特征和保障措施等一揽子管理要素；“两翼”体现的是国家电投开展精准扶贫工作的目标和成果。在具体实践中，“一体”和“两翼”的内涵随着工作的深入开展，在实践中不断丰富、完善，对于进一步开展精准扶贫工作形成“双驱动”的协同作用。

三、国家电投“一体两翼双驱动”精准扶贫模式内涵解读

1. 扶贫理念

国家电投立足自身优势和电力行业特点，将“以发展促扶贫，以扶贫

促发展”确立为扶贫理念，并以此作为本企业的扶贫观，是系统化开展精准扶贫工作的思想引领。这一扶贫理念集中体现了国家电投作为中央企业提高政治站位、主动担当社会责任、将生态文明与可持续发展理念融入企业精准扶贫战略的管理思路，是国家电投立足产业发展规律、自身业务布局以及下一阶段精准扶贫与乡村振兴战略顺利衔接所进行的长远规划，是对扶贫与发展、扶贫与生态环境保护之间内在逻辑的系统化思考。

在这一理念中，“扶贫”与“发展”之间是一对辩证关系，具体包含两层含义：

第一层含义从地区角度出发。对于贫困地区来说，扶贫与发展相辅相成，互为因果。一方面，发展是贫困地区政府、干部和贫困群众等扶贫主体的一致诉求，成为当地摆脱贫困的内在动力，是企业开展精准扶贫工作的前提；另一方面，国家电投作为扶贫客体，承担扶贫和援助任务，促进贫困地区在经济、社会、环境三个层面实现包容性发展，是对扶贫主体内在发展诉求的回应。因此，既能激发当地要发展的主观能动性，又能为当地扶贫开发提供助力。

第二层含义从企业角度出发。对于国家电投来说，扶贫与发展之间是彼此关联、相互促进的关系。一方面，国家电投立足主业发展，根据贫困地区资源禀赋，在适宜发展清洁能源的地区开发太阳能和风力资源，以开展绿色电力扶贫的方式将一部分发电收益用于反哺贫困地区，帮助当地群众增加收入；另一方面，在贫困地区开展绿色电力扶贫，企业也能实现清洁能源发电业务长足发展，实现以绿色电力扶贫带动企业自身发展的可持续模式。

在这一扶贫理念的引领之下，以扶贫促进生态环境保护成为国家电投精准扶贫“组合拳”当中的突出重点。“绿色电力+扶贫+生态”作为国家电投精准扶贫的一张绿色名片，成为带动贫困地区经济增长的新引擎，显著改善了一些贫困地区脆弱的生态环境，而环境的改善也为该地区进一步发展生态农业、旅游和乡村文化产业提供了生态基础，从而进一步诠释了“以发展促扶贫，以扶贫促发展”的扶贫理念。

2. 扶贫路径

在“以发展促扶贫，以扶贫促发展”理念的引领下，国家电投在多年扶贫实践中摸索并总结出一条以“绿色电力扶贫+特色创新扶贫”为路径的精准扶贫模式，具有鲜明的企业特点和电力行业特色。

（1）绿色电力扶贫

光伏扶贫是国家能源局和国务院扶贫办推出的一项扶贫开发创新工作机制，目的是通过实施光伏扶贫发电项目，帮助贫困户、贫困群众增收脱贫，把过去被动的“输血式”扶贫变成主动的“造血式”扶贫。作为光伏装机和风电装机容量分列全球第一和第三的清洁能源发电企业，国家电投坚持将主业发展与精准扶贫有机结合，持续不断地开展绿色电力扶贫。

- 大规模清洁能源（风光）大基地

国家电投在内蒙古乌兰察布按照平价上网示范、先进技术示范、智慧风厂示范、生态友好开发示范四大目标，投资420亿元建设600万千瓦风电基地项目送电京津冀。风电基地的建成投产将开创“风、光、草、牧、农”模式，同步拉动旅游业和农牧业，推动地方牧业、工业、服务业融合发展，对乌兰察布市实现地方经济可持续发展具有重要意义。

在青海海南州特高压外送基地300万千瓦光伏+200万千瓦风电电源配置项目投资主体招标中，国家电投中标规模为405万千瓦，其中光伏

240 万千瓦、风电 165 万千瓦。该项目将对当地优质的水电、光伏、风电打捆综合调节，通过特高压送至河南消纳，利用特高压将西部新能源大基地的电力输送到负荷集中区域，既能加速化石能源替代，更能改善我国东西发展不平衡，具有重大的战略意义。同时，国家电投打造青海海南州千万千瓦级清洁能源基地，不仅有效推动地方产业健康快速发展，还助力青海省打造中国最重要的新能源战略基地和能源经济增长引擎，成为中央企业服务地方的样板。

● 集中式光伏扶贫电站

国家电投利用太阳能资源丰富的荒漠、戈壁或较为平整的山坡地形，集中建设大型光伏电站，采用光能发电，产生的电流直接并入电网，从而产生发电收益。国家电投通过多种方式将发电收益投入贫困地区经济发展，一是将一部分收益直接分配给当地建档立卡户，为他们带来稳定的扶贫兜底收入；二是发电收益为当地创造税收收入，定向用于发展当地产业扶贫、民生扶贫和教育扶贫事业。

● 村级光伏扶贫电站

国家电投根据自身扶贫任务情况，结合国家能源局安排的光伏扶贫配额，在具备太阳能发电条件的贫困村规划并建设分布式小型并网光伏系统，即村级光伏扶贫电站。所产生的发电收益直接为定向帮扶村创造村集体收入，用于补贴建档立卡户收入、投入村内基础设施、投资村集体合作社产业，资金使用更加具有精准性。

（2）特色创新扶贫

在绿色电力扶贫基础上，国家电投着眼于更加全面地提高人民群众的生活水平和质量，主动扛起社会责任，积极部署国务院扶贫办、国务院国资委以及各级地方政府安排的扶贫任务，有计划地开展了品牌助学扶贫、特色产业扶贫、电商平台扶贫、医疗救助扶贫和基础建设扶贫等五大举措，全方位帮助解决困扰贫困地区群众的行路难、吃水难、用电难、通信难、上学难、就医难、住危房等问题，助力贫困地区，特别是深度贫困地区如期实现"两不愁三保障"，与全国人民一道全面进入小康社会。

● 品牌助学扶贫

"扶贫先扶智"，教育扶贫是阻断贫困代际传递的有效途径，有助于帮助贫困家庭彻底拔除穷根，全面改善家庭收入状况。品牌助学扶贫是国家电投的特色创新扶贫路径之一，包括"远方助学计划""映山红爱心助学活动"以及利用国家电投师资平台开展专项培训。"远方助学计划"侧重培训师生和青年人才，从理念和方法上提升软实力；"映山红爱心助学活动"侧重捐建学校、提供物资，从改善环境上提升硬实力。

● 特色产业扶贫

特色产业扶贫是开发式扶贫的重要基础和有力支撑，需要从实际出发，根据贫困地区资源禀赋开展适宜当地的特色产业项目，培养经济支柱产业，使地方实现自我发展，变"输血式"扶贫为"造血式"扶贫。国家电投以"扶持一个产业、致富一方百姓"为目标，积极培养地方特色产业活力，激发造血功能，力求长效。

● 电商平台扶贫

电商扶贫是移动互联网时代的一条创新扶贫路径，在贫困地区基本已实现"村村通宽带""村村通网络"，数字鸿沟已被打破的前提下，电商扶贫以互联网技术为帮扶对象赋能，依托现代化的物流体系，让生活在偏远地区的贫困群体获得便捷的农产品销售渠道。国家电投利用公司自有电商平台或与第三方电商平台合作开辟扶贫专区，将帮扶地区的特色农产品纳入电商系统，帮助贫困地区扩大农产品销路，延长了产业链，开创了一条直接、有效的精准扶贫路径。

- 医疗救助扶贫

医疗救助扶贫是“两不愁三保障”当中实现基本医疗有保障的重要一环，是助力贫困地区实现提升医疗保障水平、提高医疗服务能力的扶贫路径之一。通过投资建设村级卫生站、对医护人员开展培训、加强公共卫生服务、实现建档立卡人口“新农合”全覆盖等措施，保障贫困群众健康有人管，患病有人治，治病能报销，大病有救助。国家电投持续着力建设民生和医疗设施，力求改善贫困地区生存环境恶劣、基础设施落后、医疗卫生条件差的现状，打通脱贫攻坚政策落地的“最后一公里”。

- 基础设施建设

加强农村基础设施建设，对于发展农村经济，促进农民增收，改变农村贫困地区落后面貌具有重要的支撑作用。基础设施不足是绝大多数农村地区致贫的原因，开展修路、架桥、安居工程、安全饮用水工程、垃圾处理工程，能够有效改善贫困地区人居环境状况，推动落实“两不愁三保障”的同时，有助于推动特色产业扶贫、绿色电力扶贫的进一步发展。

3. 扶贫原则

国家电投认真贯彻落实党中央、国务院关于脱贫攻坚的决策部署，将扶贫援助工作与贯彻落实党的十九大及中央企业扶贫开发工作会议精神紧密结合，旗帜鲜明地将坚决打赢脱贫攻坚战与履行央企社会责任、实现人民对美好生活向往的奋斗目标紧紧绑定。按照“总体规划，分步实施”“目标导向，精准脱贫”“清洁发展，振兴乡村”“加强协作，力求长效”“两级管理，全员参与”的扶贫原则，切实履行中央企业政治责任、经济责任和社会责任，确保到2020年如期保质全面完成承担的脱贫攻坚任务。

总体规划，分步实施。结合当前脱贫攻坚形势要求，国家电投滚动调整企业的“十三五”扶贫援助规划。以总体规划、分步实施为基本原则，细化各年工作任务，按照“政府主导、企业参与、共同推进”的工作模式，指导国家电投及所属企业扶贫援助工作分年、分时有序开展，实现规划切合实际、实施措施得力、脱贫成效满意的工作业绩。

目标导向，精准脱贫。国家电投动态总结分析脱贫攻坚取得的成效、面临的问题，从产业帮扶、扶贫扶志/智、改善民生等方面入手，瞄准建档立卡贫困户，结合实地调研，因地制宜制定扶贫措施，以保障增收、阻止返贫、切断贫困代际传递等为出发点，多措并举，靶向脱贫，不搞面子工程，确保扶贫扶到点上，扶到根上。

清洁发展，振兴乡村。国家电投将自身建设世界一流清洁能源企业的战略目标与农村发展紧密结合，发挥行业领先优势，打造绿色电力产业扶贫新模式，以清洁能源发展助力国家乡村振兴战略实施。全力推动大规模清洁能源基地建设，以项目收益反哺地方脱贫攻坚，强化造血功能，为建档立卡贫困人口创造长久稳定的收入来源，促进脱贫致富奔小康，助力实现农业强、农村美、农民富的乡村振兴局面。

加强协作，力求长效。国家电投与地方各级政府、受助群众建立健全沟通协调机制，将自身扶贫工作与当地经济社会发展规划、扶贫开发总体规划相结合，各方协商一致，共同推进脱贫攻坚。重点激发贫困群众内生发展动力，使其由“要我脱贫”到“我要脱贫”转变，提高其自我管理水平和发展能力，脱贫效果力求长效。

两级管理，全员参与。国家电投的扶贫援助工作实行两级管理，集团层面负责整体规划指导、计划预算管控、统筹监察审计等；主导推进的远方助学、映山红等特色助学成效，纳入扶贫成果统一管理。下属各二级单位具体谋划实施、保证工作成效。同时，扶贫援助工作也是国家电投全体员工共同的社会责任，通过全员参与，群策群力，合力提升扶贫援助质量。

4. 保障措施

打赢脱贫攻坚战，组织领导是保证。国家电投以细致扎实的态度进行科学管理，层层推进扶贫工作部署，构筑精准扶贫管理体系，通过落实工作机构、制定完善规划、增加人才与资金投入、召开专题会议、开展扶贫调研，以系统化的管理将精准扶贫工作做深做实，为国家电投有组织、有计划、高效地推进精准扶贫工作提供保障。

落实政策，加强领导。国家电投严格落实党中央、国务院关于扶贫开发工作一系列方针政策和指示，找准路子，精准脱贫。从集团层面到各承担单位均成立扶贫与援助工作领导小组，公司领导任组长亲自抓落实，确保扶贫援助工作卓有成效地推进。

规划清晰，建章立制。国家电投结合扶贫地区的实地调研情况，科学制定扶贫专项规划，分年合理安排扶贫任务，做到规划清晰、目标明确。组织完善扶贫与援助工作管理办法，规范管理流程、事项审批程序，为确保完成“十三五”脱贫攻坚任务提供制度保障。

依法合规，保障资金。为强化扶贫工作资金保障，国家电投适时开展专项审计工作。根据扶贫任务安排，国家电投积极向国务院国资委争取资金额度。将国家电投年度预算优先安排扶贫资金计划，并优化扶贫资金审批监管流程，保证资金及时足额到位。除此之外，国家电投还建立资金预算考核工作和验收机制，确保扶贫援助资金专款专用。

发挥作用，人员到位。为强化扶贫工作挂职干部保障，国家电投每个承担国家级定点扶贫任务的单位，都为其负责的扶贫点选派2名优秀干部，分别挂职县级职务和扶贫村第一书记。其余扶贫点按照所在省统一要求，积极派遣挂职扶贫干部。为解决挂职干部的后顾之忧，国家电投各级单位关心关爱扶贫挂职干部，从生活上、职业发展上制定激励政策。

监督检查，宣传表彰。为加强扶贫援助督查检查工作，国家电投适时开展专项监察工作，及时发现改进扶贫援助工作存在的问题。加强扶贫援助成果和先进事迹宣传，大力表彰扶贫援助工作中涌现的先进集体和个人。

5. 扶贫特征

国家电投始终将脱贫攻坚任务纳入企业重点工作进行管理，立足产业优势，关注深度贫困地区，走出一条精准扶贫新路子。在绿色电力扶贫、特色产业扶贫、品牌助学扶贫、电商平台扶贫等领域扎实推进，体现出系统化、产业化、专业化和深度化的特点，这些都是国家电投多年扶贫工作经验的总结。

系统化。国家电投清楚认识到把握实践中存在的突出问题和解决这些问题的紧迫性，不放松、不停顿、不懈怠，以细致扎实的态度进行科学管理，层层推进扶贫工作部署，构筑精准扶贫管理体系。国家电投通过成立扶贫工作小组、制定完善规划、增加人才与资金投入、召开专题会议、开展扶贫调研等系列举措，以系统化的管理将精准扶贫工作做深做实，扎扎实实把脱贫攻坚战推向前进，让脱贫成效真正获得群众认可、经得起实践和历史检验。

产业化。产业扶贫是稳定脱贫的根本之策，也是连接贫困地区与外部世界的桥梁，发挥着帮助贫困地区打开思路、激活内生动力的作用。国家电投深入贫困地区一线开展走访调研，了解当地资源禀赋优势，为他们量身定制发展之策。把扶贫开发与现代农业发展、美丽乡村建设结合起来，采用精准滴灌的方式，优选特色产业项目，发展产业扶贫带头人，培育“造血干细胞”，增强贫困地区发展内生动力，帮助贫困地区走上一条可持续发展的产业扶贫之路。

专业化。光伏扶贫作为国家精准扶贫的十大工程之一，可有效促进贫困户增收和集体经济收入增长，带动效果和影响范围优势明显。国家电投立足自身新能源产业优势，依托发展清洁能源的企业战略，充分利用贫困地区的自然条件优势，在适宜的贫困地区投入产业扶贫资金，因地制宜地发展光伏扶贫。除此之外，国家电投充分发挥自身已有的教育品牌优势，连续 15 年开展“映山红”爱心助学活动，并在此基础上启动实施“远方助学计划”，确保贫困家庭子女都能接受良好的基础教育，具备就业创业能力，不仅让困难群众“富口袋”，更让他们“富脑袋”。

深度化。深度贫困地区贫困发生率高、贫困程度深，而且基础条件薄弱、致贫原因复杂、发展严重滞后、公共服务不足，脱贫难度更大。脱贫攻坚本来就是一场硬仗，而深度贫困地区的脱贫攻坚则是这场硬仗中的硬仗。脱贫攻坚战已经进入决胜期，全力解决深度贫困地区的脱贫问题将是重中之重、难中之难。国家电投深刻认识到深度贫困地区如期完成脱贫攻坚任务的艰巨性、重要性和紧迫性，聚焦深度贫困地区和特殊贫困群体，采取更加集中的支持、更加有效的举措、更加有力的工作，扎实推进深度贫困地区精准扶贫工作，致力于让深度贫困地区贫困群众同全国人民一道进入小康社会。

6. 扶贫成效

自2012年承担扶贫援助任务以来，国家电投党组坚决贯彻落实党中央、国务院的各项决策部署，以高度的政治责任感和使命感，立足自身特点和行业优势，扎扎实实做好精准扶贫工作。

国家电投持续加大定点扶贫资金支持力度，逐年递增约30%。其中，2018年投入无偿帮扶资金4393万元，2019年投入6589万元，增幅超50%。扶贫案例入选国务院扶贫办编制发布的《企业扶贫蓝皮书》，并获得优秀案例奖；下属黄河公司和内蒙古公司获得多项省级荣誉表彰；派出的扶贫干部毛宗霖和李占宏获得省级先进，另有18名同志获得市县级荣誉。“具有扶贫效益的光伏发电项目”“两大电商平台拓展贫困地区农特产品销售渠道”两个扶贫模式获得了国务院国资委和央视媒体的高度认可，扶贫实践经验入选央视农业农村频道“手挽手——精准扶贫央企在行动”系列节目。

（1）发展成效

● 促进清洁能源产业发展

2015年颁布的《中共中央 国务院关于打赢脱贫攻坚战的决定》提出，“坚持扶贫开发与生态保护并重”。国家电投按照这一精神，立足公司实际，提出“清洁发展、生态涵养”的绿色电力扶贫理念，打造“清洁能源 + 扶贫 + 生态”示范项目，创造扶贫、生态、经济多赢的新模式。清洁能源项目投产后，可为当地大部分建档立卡贫困户创造稳定的收入来源，反哺当地地方财政和新型集体经济。在“以发展促扶贫、以扶贫促发展”

的共赢理念指引下，国家电投充分发挥自身在清洁能源领域的专业优势，利用贫困地区的光照和风力等自然条件发展清洁能源产业，推动光伏扶贫项目建设的同时，也为地方贫困群众增加福祉，帮助他们共享发展红利。

国家电投在四川甘孜州和阿坝州已建成集中式光伏扶贫电站 10 万千瓦，每年可产生扶贫红利 1300 万元，可为 1.3 万贫困人口创造连续 20 年的稳定收益。截至 2019 年底，国家电投已建成集中式光伏扶贫电站总装机容量 113 万千瓦，总投资约 81.8 亿元，主要分布在云南、四川、甘肃、河北等9个省区的贫困地区或少数民族聚居地区，可产生连续20年每年1.1亿元的扶贫红利，惠及贫困人口约 11 万余人。

国家电投协助河南商城县建成每座 60 千瓦村级光伏扶贫电站 154 座，总规模 10560 千瓦。2018 年，组织出台《商城县村级扶贫光伏电站收益分配及运维管理办法》，对所有光伏电站进行了全面消缺，培训电站运维人员 153 名，通过加强运维管理，有效提高了商城县光伏扶贫电站运行效率，月发电量提高 30 多万千瓦时，发电收益显著提高。截至 2019 年底，国家电投累计在商城县集中投入 1500 万元专项用于村级扶贫光伏电站，并将获得的发电收益投入扶贫，实现对 2100 户贫困户、6655 名贫困群众的帮扶。

- 为地方政府创造税收

国家电投下属贵州金元集团在贵州威宁县投资建设了贵州省第一个“农光互补”光伏电站，项目采用“农业种植 + 光伏发电”模式，租赁当地高海拔的低产旱地和荒地，采用高支架和大间距布置光伏阵列，在支架下的土地种植经济作物。为解决种植经济作物的灌溉问题，金元集团投资 300 万元配套建设雨水收集和灌溉供水系统，使山地种植条件大为改善。

项目运营期间的设计发电量为21.04亿千瓦时，即在25年的经营期内，年平均发电量8416万千瓦时，每年可上缴税费约1840万元，可为当地政府带来约4.6亿元的财税收入。

- 带动贫困地区相关产业发展

扶持陕西延川县蔬菜大棚。国家电投在陕西延川县积极推广大棚技术，发展果蔬种植产业。2018年建设标准新型日光温室大棚45个，单棚年均收益约3.5万元，极大提升当地的后续发展动力，为稳定脱贫奠定基础。截至2019年底，已在延川县建成现代农业示范园7个、标准新型蔬菜大棚965座，为每户贫困户年均增收2万多元，帮助延川县559户1800名贫困人口实现脱贫。

依据地方特色发展养殖业。在四川美姑县，国家电投以当地特有品种黑山羊为切入点，发放基础山羊6000只，种植优质牧草500亩，帮助1400户贫困户年均增收8000元。在国家电投带动下，美姑县黑山羊养殖规模已达到20万只，在当地逐渐形成规模和品牌。在青海藏区，国家电投黄河公司以当地牧民较为擅长的养殖业为基础，投入121.5万元资金建成羊旗村生态畜牧专业养殖合作社，为4名贫困村民安置就业。在贵州纳雍县，投入400万元在对口帮扶的纳雍县阳长镇核桃寨村实施10万羽蛋鸡养殖项目，采用“社区委会+合作社+农户”的运作模式，2019年产生分红利润70万元，直接受益贫困人口达到155户、523人。在宁夏泾源县，成立泾源县源蜂养殖服务有限公司，培养养殖规模50箱以上的养殖大户5户，实现户均增收3万元～4万元。

打造加工产业延长产业链。在湖南里仁村，2018年启动黄蜀葵种植加工产业开发项目，基本形成一条围绕黄蜀葵的种植、加工和旅游产业链：

种植150亩黄蜀葵，建成一座药材加工厂，成立种植加工合作社，开展依托黄蜀葵的观光旅游业。在云南怒江州泸水县，结合当地“海拔高、雨水多、温差大”的特点，开展特色种植产业，吸引企业到怒江州建厂对农产品进行深加工。2019年，投资25万元种植150亩草果，投资124万元种植300亩樱花、桃树和生姜等经济作物，帮助当地村民实现较2015年人均增收1500元左右。

● 帮助有就业意愿的贫困劳动力就业

截至2018年底，国家电投累计带动贫困地区就业达6016人次。在四川藏区，国家电投建设的光伏扶贫项目为周边村民带来了就业机会。在正斗光伏电站，仅施工建设一项就支付当地牧民劳务费300万元，解决了贫困群众就近务工的问题。当地还以村为单位成立劳务服务公司，与村民签订劳动合同，统一安排到光伏电站工作。在勒斗村和普龙村的900多人口中，就有800多人在光伏电站打过工，通过这个项目，平均每户每年可增加至少七八千元的收入。在青海藏区，国家电投黄河公司制定了《技能培训+劳务输出+定向安置扶贫帮扶实施方案》，通过劳动技能培训+劳务输出+公司吸收消化的方式，对有意愿务工贫困户中的13人进行了实质性安置，实现年人均收入增加1.8万元～3.6万元。

● 激发贫困群体的自我发展能力

贫困地区发展要靠内生动力。国家电投重视贫困地区群众技能培训，增加贫困群众就业机会，确保贫困家庭至少有一名劳动力掌握1～2门致富实用技术，至少参与一项特色种植、棚栽、养殖等增收项目。国家电投累计投入培训资金613万元，组织培训140期次，提升贫困群众就业能力，助力其自身脱贫。

国家电投连续15年开展"映山红"爱心助学公益志愿服务品牌项目，在青海贵南、云南泸水等地设置专项奖学金，资助贫困生完成学业。国家电投西藏分公司在雪域高原开展爱心援藏公益扶贫活动，累计资助贫困学生500余人，建立"映山红"高原爱心书屋，向当地中小学生捐赠书籍、学习用品和教学器材，改善当地学校的教学环境，帮助孩子们通过阅读了解外面的世界。截至2019年底，"映山红"公益行动捐款金额累计达1082万余元，累计资助8782人次。

2019年，"国家电投远方助学计划"投入资金771.62万元，完成一对一帮扶贫困学生951名，办班培训中小学校长和骨干教师450名，举办"远方大讲堂"送教上门4期，远方乡创企业家训练营2期，"绿动未来"大学生暑期社会实践活动1期。"远方助学""一对一"帮扶学生在2019年高考中再创佳绩，在299名高三学生中，有210人达到本科线以上，其中2人被清华大学和北京航空航天大学录取，高考录取率高于当地平均水平。由新华社记者采编的"远方助学"专题报道《国家电投探索"扶贫+扶智"新模式》在新华社客户端的浏览量突破120万，并被30多家主流媒体转载；另一篇新闻报道《改变简单给钱给物，着眼实际志智双扶》在《新华每日电讯》发表。

● 助力贫困地区补齐民生短板

在四川美姑，国家电投投入460万元建设彝家新寨工程，援助巴普镇埂则村新建民居房屋，帮助80户贫困户解决住房问题。投入400万元整村援建尼普莫村基础配套设施，惠及全村262户、1076人。2014年至2019年间，国家电投投入240万元在美姑县开展饮水工程建设，解决3个村2500名村民饮水困难和饮水安全问题。修建通组硬化路、村内道路及入户道路共计14公里，解决2500余人出行难的问题。修建垃圾池7个，解决贫困村生活垃圾处理问题，使村民生活环境卫生情况大为改观。还通过实施“救急难”专项行动，成立医疗救助基金，在建档立卡救助对象信息平台范围内实施大病医疗救助。2019年投入40万元，解决80余人看病难问题，累计投入140万元，帮扶1527人。

在四川凉山州喜德县，国家电投投入100万元建设彝家新寨工程，援助喜德县瓦西村101户村民建设住房，帮助80户贫困户解决住房问题。

在河南商城县，安装大塘安全护栏130米，保障村民安全问题；新装太阳能路灯113盏，解决当地4000多名群众的夜间出行问题。

（2）生态成效

● 打造新能源基地助力扶贫

国家电投在青海海南州打造千万千瓦级清洁能源基地，对当地优质的水电、光电、风电能源进行打捆综合调节，将西部地区清洁的新能源电力输送到负荷集中区域，有效推动了地方产业健康快速发展，助力青海省打造中国最重要的新能源战略基地和能源经济增长引擎。既实现了对化石能源的替代，又能改善区域发展不平衡、实现绿色电力扶贫。

在运营层面，国家电投以“光伏+生态+扶贫”全新模式建设新能源电站，使广阔的戈壁荒滩变成肥沃的草场，并雇佣当地牧民养殖“光伏羊”，促进当地畜牧业的发展和贫困群众就业。坚持安全高效绿色低碳发展，开展光伏电站生态环境保护、生态环境效应及调控等研究，以光伏产业带动高原生态文明建设。

在具体实践层面，实验种植黑枸杞、雪菊、藜麦等特色农作物，有效培育当地绿色、高原、生态种植业发展；在电网无法延伸的少数民族地区，通过建设独立光伏电站，有效解决当地少数民族群众用电、取暖、供水等需求，大大改善当地居民生活水平；依托青海海南州富余的电力资源及电价优势，推动当地云数据计算中心等企业端业务发展，形成清洁能源产业、企业、就业“三业联动”，全方位助力青海精准扶贫。

● 治理京津冀大气环境污染

在内蒙古乌兰察布市投资420亿元建设600万千瓦风电基地项目，该项目建成后将成为全球规模最大的单一陆上风电项目，年发电量约200亿千瓦时，可替代煤炭消耗650万吨，将有效缓解京津冀大气环境污染，加速推进电能替代。通过生态环保投入、基础设施建设、当地就业帮扶等，预计可产生10亿元左右的帮扶效益，并带动当地风机制造等相关产业投资约50亿元。

四、国家电投精准扶贫工作展望

让贫困人口和贫困乡村同全国人民一道进入全面小康社会是党和政府的庄严承诺。在打赢脱贫攻坚战的决胜时期，国家电投以高度的政治责任感和历史使命感，认真贯彻落实党中央、国务院的各项决策部署，坚持“两不愁三保障”标准不动摇，坚持提高脱贫质量不动摇，坚持攻克深度贫困不动摇，坚持扶贫与扶志扶智相结合不动摇，确保打赢打好这场脱贫攻坚战。

以发展促扶贫，以扶贫促发展，走出具有国家电投特色的精准扶贫之路。国家电投将继续按照“绿色电力 + 扶贫 + 生态”理念，将主业发展与扶贫惠贫紧密结合，建立起脱贫致富奔小康的长效机制，为贫困户创造稳定的收入来源；协助地方完善产业建设，结合地方资源禀赋，深耕细作，做实特色产业，扶持集体经济发展；系统深入开展消费扶贫，引导鼓励员工自发购买贫困地区产品，组织各单位食堂在同等条件下优先采购贫困地区农产品，围绕两大电商平台，拓展贫困地区农特产品销售渠道；着力增强内生发展动力，加大教育助学力度，持续推进“映山红”“远方助学计划”项目，阻断贫困代际传递，开展技能培训，激发贫困地区和贫困群众脱贫致富的内在活力和自我发展能力；协助地方政府积极对接乡村振兴战略，把脱贫摘帽县作为乡村振兴战略重点对象，用乡村振兴巩固脱贫攻坚成果，推动贫困群众实现长期稳定脱贫致富。

2020 年是全面建成小康社会和打赢脱贫攻坚战的收官之年。国家电投将高举习近平新时代中国特色社会主义思想伟大旗帜，践行央企“六种力量”，在国家脱贫攻坚中，争当表率，全力攻克贫困堡垒，让扶贫开发的道路越走越宽广。

中国移动“网络+”精准扶贫模式

勇挑攻坚历史重担

2020 年 4 月，中国移动召开决战决胜脱贫攻坚工作会议，加强扶贫工作组织保障

段玉平，中国移动援藏干部，荣获“全国脱贫攻坚奖贡献奖”、中宣部“最美支边人物”等荣誉

向明，中国移动扶贫干部，2019 年 1 月，在湖北恩施二台坪村因公殉职，年仅 37 岁。中国移动追授他为“中国移动劳动模范”

搭建脱贫信息高速

2004 年 10 月，中国移动开通云南独龙江乡 5 个边远山区行政村的基站，结束了中国最后一个少数民族不通电话的历史

2006 年 12 月，在西藏昌都，中国移动运送基站设备的马队穿过金沙江上面狭窄的悬崖通道

2016 年 11 月，经过长达 6 个月的艰难建设，中国移动 4G 基站顺利开通，悬崖村实现 4G 网络全覆盖

2019 年，在西藏措勤县，藏族群众领取中国移动捐赠的自主品牌藏语手机 A6

创新扶贫工作模式

教育扶贫——援建的新疆克州阿克陶县丝路佳苑小学

语言扶贫——云南少数民族贫困家庭小孩手握“扶贫定制机”学习普通话

健康扶贫—— 援建的西藏阿里地区改则县人民医院新门诊楼

消费扶贫——帮助广东湛江市坡头区沙城村进行莲藕线上销售

民生扶贫——为支援西藏改则县易地扶贫搬迁项目而援建的圆梦新居

产业扶贫——援建的新疆疏勒县铁建卫星工厂

就业扶贫——援建的新疆疏勒县农民服装合作社

一、中国移动精准扶贫工作概述

中国移动通信集团有限公司（以下简称中国移动）坚持以习近平新时代中国特色社会主义思想和党的十九大精神为统领，认真贯彻党中央、国务院重要部署，积极落实国务院扶贫办、国资委等上级部门的各项工作要求，牢牢把握“央企姓党”的政治属性，将脱贫攻坚作为重大的政治任务和光荣的社会责任，摆在企业工作的重要位置，发挥特大型中央骨干企业的政治、组织、资源和人才优势，发挥信息通信领域“国家队”和全球最大电信运营商的行业优势，立足通信行业大力开展网络扶贫，坚持精准方略，扎实做好定点扶贫，全力以赴助力打赢脱贫攻坚战。

自2002年起，中国移动总部陆续承担黑龙江桦南县、汤原县，新疆阿克陶县、疏勒县、洛浦县，海南白沙县等6个县的定点扶贫任务和西藏改则县、青海玛沁县等2个县的对口支援任务［以下简称五省（区）八县］，其中5个县属于三区三州深度贫困地区。定点扶贫任务数量在全部96家中央企业中排名第四，在全部288家中央单位中排名第五。下属各单位2019年还承担了各地方政府安排的1767个县、乡、村的对口帮扶任务。

中国移动从集团总部到省级公司分别成立扶贫工作领导小组，配备扶贫专职人员，派出扶贫干部，确保扶贫工作顺利有序开展。截至2019年底，中国移动在集团总部和31个省（区、市）公司均设置扶贫工作主管部门，集团总部配备7名专职人员、各省公司配备83名专职人员负责扶贫工作，累计派出扶贫挂职干部、第一书记和驻村工作队成员共4425名，在岗扶贫干部2200人。

中国移动不断加大对贫困地区资金帮扶力度。资金帮扶是企业开展精准扶贫的重要优势和手段，十多年来，中国移动无偿捐赠资金累计近19亿元，其中在五省（区）八县捐赠扶贫资金10亿元。中国移动坚持“输血”与“造血”相结合，全面调研、精准施策，实施各类扶贫项目超过200个，近三年每年实施扶贫项目约30个，从民生改善、产业扶持、教育扶智、医疗健康、公益捐助等多个方面，全面助力对口帮扶地区脱贫致富。

作为通信行业龙头企业，中国移动充分发挥企业优势，深化网络建设，缩小城乡数字鸿沟，推动网络强国、数字中国、智慧社会建设。大力实施“村村通电话”工程、电信普遍服务试点，积极开展贫困地区网络建设，2004年至今累计投入网络扶贫资金776亿元。其中，2019年在全国832个国家级贫困县投入网络建设资金102亿元，为全国贫困人群提供通信资费优惠和手机购买补贴15亿元，共惠及建档立卡贫困客户995余万人。截至2019年底，全国行政村4G网络覆盖率达到98%，建档立卡贫困村宽带网络覆盖率达到96%，提前完成全行业“十三五”规划目标。

中国移动以系统化的扶贫组织管理、大量的人力物资投入，使精准扶贫工作取得了显著成效、得到广泛认可。总部对口帮扶的五省（区）八县中，已有95%的贫困人口、43.6万人脱贫，其中汤原县、桦南县、改则县、疏勒县、白沙县、玛沁县已脱贫摘帽。各省公司帮扶1个县、7个乡、1068个村脱贫摘帽，占帮扶任务总数的61%，共帮助50万贫困人口脱贫。2019年，连续两年在中央单位定点扶贫考核中获得最高等级评价“好”，2019年位居央企第一；中国移动扶贫援藏干部段玉平荣获“2019年全国脱贫攻坚奖贡献奖”，为设奖以来通信行业首次获奖；连续两年入选国务院扶贫办《中国企业精准扶贫 50 佳案例》；8 个省公司在省级脱贫攻坚年度考核中获最优等级，13 个省公司获省级扶贫先进集体称号。

二、中国移动“网络 +”精准扶贫模式构成

基于“连接幸福美好生活”的愿景，结合长期的扶贫实践，中国移动利用自身的网络优势，形成了具有特色的精准扶贫模式——中国移动“网络 +”精准扶贫模式。该模式是对中国移动长期以来扶贫管理和实践的总结、提炼和升华，提供了中国移动在扶贫管理和实践方面的行动路径和方案。

（一）模式示意图

中国移动“网络 +”精准扶贫模式，即“1+3+X”精准扶贫模式：“1”代表以网络为主线；“3”代表强化资金、组织和人才保障，是国家规定的责任和义务；“X”体现中国移动利用自身专业优势，开展创新扶贫工作，提升责任竞争力。在此过程中，中国移动积极带动利益相关方共同参与扶贫工作，打造更广泛的扶贫生态系统，在扶贫工作中实现差异化竞争优势。

“网络 +”精准扶贫模式具有丰富的内涵：第一是中国移动发挥央企规模优势，捐赠资金建设中小学校、医院、农产品交易中心等硬件基础设施；第二是发挥自身信息化优势，大力开展农村地区、偏远山区等地网络建设，持续完善贫困地区网络基础设施，建设数字校园、数字医院、电商平台等，搭建“信息高速公路”；第三是在网络的基础上，通过网络与教

育、医疗、消费、产业等领域深度融合，积极引入教育、医疗等优质内容资源，实现高价值信息的快速传递交互，有效促进城乡社会资源均衡，缩小数字鸿沟，推动农村地区经济社会快速发展。

“网络 +”精准扶贫模式呈现三层依次递进关系，体现中国移动在扶贫工作开展中遵循责任层次原理，依托企业专业优势，履行必尽责任、应尽责任和愿尽责任。同时，呈现扶贫成效内容，包括直接投入产生的效果，以及发挥行业特色、带动利益相关方沟通参与产生的间接倍数效果。

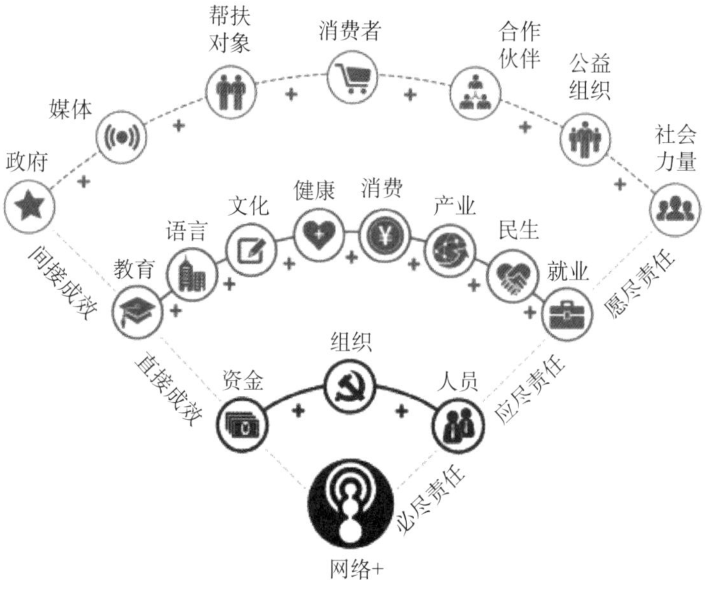

中国移动“网络 +”精准扶贫模式

（二）模块的构成

“网络 +”精准扶贫模式的“1”“3”“X”三个方面，体现了中国移动发挥网络优势，结合扶贫地区的诉求和期望，协同多方参与，助力贫困地区脱贫。具体来说：

“1”：以网络扶贫为主线，持续加大投资力度，完善贫困地区、边远山区通信网络基础设施，积极开展“村村通电话”工程和电信普遍服务试点，提高网络覆盖率，搭建数字高速公路。

“3”：发挥骨干央企优势，加大资源投入，做好组织、资金和人员保障，确保精准扶贫各项工作有组织、有计划地高效推进。

“X”：依托先进的通信基础设施，发挥信息化桥梁作用，将贫困地区的教育、文化、语言、健康、消费、产业、就业、民生等领域的实际诉求与网络相结合，与此对应着不同的扶贫实践领域。

在依托“网络 +”精准扶贫模式贡献自身力量的同时，还广泛联结着多个利益相关方，如政府、帮扶对象、消费者、合作伙伴、媒体、公益组织、社会力量等不同利益相关方在中国移动的影响下广泛参与到扶贫事业中。

（三）模块之间的关系

“网络 +”精准扶贫模式综合应用了责任层次理论、利益相关方原理、责任竞争力原理等理论，重点呈现三层关系依次递进，体现中国移动在扶贫工作开展中遵循责任层次理论。具体来说“3”属于必尽责任，是国家规定的责任和义务；“X”属于应尽责任，是企业应该履行的责任，高于必尽责任，体现中国移动利用自身专业优势，开展创新扶贫工作，提升责任竞争力；此外，企业从可持续发展角度解决重大问题，积极主动承担高于应尽责任的愿尽责任，带动利益相关方共同参与扶贫工作，打造更广泛的扶贫生态系统，有助于中国移动在扶贫工作中实现差异化竞争优势。

模式同时突出呈现扶贫成效内容：一方面是直接投入产生的效果，可运用投入产出法计算；另一方面是发挥行业特色、带动利益相关方沟通参与产生的间接倍数效果，可运用综合价值创造方法计算。直接成效、间接成效整体上也和责任三层次相对应。

三、中国移动“网络 +”精准扶贫模式内涵解读

中国移动“网络 +”精准扶贫模式具有丰富的内涵。从整体来看，该模式是中国移动推进扶贫的总体思路和行动路线图，是中国移动在精准扶贫各方面工作的操作指南，明确了中国移动开展精准扶贫工作的指导思想、目标、理念和实现路径。

（一）指导思想

中国移动坚持以习近平新时代中国特色社会主义思想为指导，深入贯彻习近平总书记关于扶贫工作重要论述，积极落实中央脱贫攻坚决策部署，坚持“扶贫与扶志扶智相结合、输血与造血相结合、当前与长远相结合”原则，坚持精准扶贫精准脱贫基本方略，积极发挥网络强国、数字中国、智慧社会主力军作用，构建“1+3+X”的“网络 +”精准扶贫模式，全力以赴、尽锐出战，为脱贫攻坚战贡献“移动力量”。

（二）核心目标

党的十九大明确把精准脱贫作为决胜全面建成小康社会必须打好的三大攻坚战之一。《中共中央 国务院关于打赢脱贫攻坚战三年行动的指导意

见》指出：到 2020 年，确保现行标准下农村贫困人口实现脱贫，消除绝对贫困；确保贫困县全部摘帽，解决区域性整体贫困。

做好扶贫攻坚工作，是中国移动承担的重大政治任务和光荣社会责任。中国移动始终将扶贫攻坚摆在企业工作的重要位置，依托自身优势大力开展网络扶贫，不断提升贫困地区网络覆盖，实现用得上、用得起、用得好；坚持精准方略扎实做好定点扶贫，加强组织领导，加大资金捐赠力度，健全三级管理体制，选派得力干部，协同多方参与，全面完成中央单位定点扶贫和对口支援任务，助力帮扶地区如期实现脱贫目标，不断满足人们对幸福美好生活的向往。同时，加大研究部署，有效衔接精准扶贫与乡村振兴两大战略，在“1+3+X”精准扶贫模式基础上，提前布局下一阶段精准扶贫工作，积极打造“智慧乡村”样板，加强对外宣传和交流沟通，积极传播分享减贫经验，为全球减贫贡献力量，为各国人民带来更多福祉。

（三）工作理念

中国移动秉承“连接幸福美好生活”的核心理念，坚持“扶贫”与“扶志扶智”兼顾，“输血”与“造血”相结合，科学扶贫与专业优势相结合，积极发挥中央企业组织规模优势和通信央企的信息化优势，全力以赴助力打赢脱贫攻坚战，帮助贫困群众过上美好幸福的生活。

1.“扶贫”与“扶志扶智”兼顾

习近平总书记强调，要加强扶贫同扶志扶智相结合，注重激发贫困地区和贫困群众脱贫致富的内在动力，注重提高贫困地区和贫困群众的自我发展能力。“扶贫先扶志，扶贫必扶智”。习近平总书记关于扶贫工作的重要论述，是对党的扶贫理论的新发展，为打赢脱贫攻坚战提供了根本遵循。

中国移动坚持“扶贫”与“扶志扶智”相结合，积极探索有效途径，提高贫困群众自我脱贫的主观意愿和内生能力。在“扶智”方面，中国移动投入资金，完善教育基础设施，改善当地教育教学环境，建立科技交流引入机制，引入优质教育资源，提高贫困人口自我发展能力，阻断贫困代际传播。在扶志方面，中国移动认识到要想帮助困难群众脱贫，首先是要改变群众思想上的贫困，必须帮助当地人民从思想上实现“要我脱贫”向“我要脱贫”转变，要斩断穷根，不能养懒汉。

2.“输血”与“造血”相结合

习近平总书记指出，消除贫困、改善民生、实现共同富裕，是社会主义的本质要求，是我们党的重要使命。脱贫攻坚需坚持“输血”与“造血”相结合，要以“造血”为目的来“输血”，诊断致贫的症结，找准发展致富的路径，打通自发脱贫的“任督二脉”。授人以鱼不如授人以渔，要从根本上改变贫困地区的面貌，实现精准扶贫、精准脱贫，就要扶上马送一程，让贫困人口自身具备脱贫致富的主观能动性和能力。坚持“输血”与“造血”相结合要不断强化贫困地区成功脱贫的信心，激发贫困群众主动脱贫的内生动力。要发展壮大村集体经济，增强村自我发展能力，提升服务群众工作水平和带领群众脱贫致富的本领。严格按照一村一策，利用各地自身优势，积极探索适合本地区经济结构、产业结构发展的新思路、新方法，抓准机遇，要把产业发展作为脱贫攻坚的“主旋律”。

中国移动认识到只有真正变“输血式”扶贫为“造血式”扶贫，“对症下药、精准滴灌、靶向治疗”，才能做到扶真贫、真扶贫，脱真贫、真脱贫。自然禀赋和人才资源匮乏的贫困地区，为避免后期经营不善、项目闲置的状况发生，以民生和基础设施项目为主；自然和人才资源相对丰富的贫困地区，积极增加产业扶贫项目。公司立足贫困地区资源环境独特优势，实事求是，因地制宜发展特色产业，着力提升贫困地区自我发展能力，重塑贫困地区的造血功能，最终实现由“输血式”扶贫向“造血式”扶贫转变。

3. 科学扶贫与专业优势相结合

习近平总书记指出：“推进扶贫开发、推动经济社会发展，首先要有一个好思路、好路子。要坚持从实际出发，因地制宜，理清思路、完善规划、找准突破口。”这实际上提出了科学扶贫的思想。应注重把扶贫开发与做好“三农”工作、提供基本公共服务、开展教育扶贫等结合起来，把做好顶层设计与加强基层探索结合起来，不断完善有利于贫困地区和扶贫对象加快发展的扶贫战略和政策体系，促进共同富裕。

中国移动在扶贫过程中，注重通过加强贫困地区的基础设施建设来带动当地脱贫。首先，公司利用自身资金、产业影响力等优势，围绕“两不愁三保障”，加大对贫困地区基础设施的建设力度，提供良好的公共基础设施建设服务，通过改善民生来促进脱贫。同时，中国移动发挥自身优势，加大贫困地区网络建设，搭建信息高速公路，将互联网与教育扶贫、健康扶贫、消费扶贫、产业扶贫、民生扶贫等相结合，缩小城乡差距，促进均衡发展。最后，在扶贫实施过程中，因地制宜，着力发展具有当地资源禀赋优势的特色产业，注重当地的长远发展。

（四）实现方式

中国移动在扶贫工作中采取“网络优势 + 当地需求 + 多方参与”的方式，注重发挥自身行业优势，将帮扶地区的需求和中国移动的网络优势结合起来，联合产业上下游各利益相关方共同开展扶贫项目，全面推进各项扶贫工作开展，助力贫困地区早日脱贫。

1. 充分发挥网络优势

一直以来，信息闭塞都是农村边远地区贫困的主要原因，不仅影响政府对农村经济发展以及扶贫情况的了解，也限制了农民对外界信息的获取，给扶贫工作带来诸多不便。中国移动属于技术密集型的通信行业，作为通信基础设施和通信技术在全国范围内应用和推广的中坚力量，通过网络建设、资费优惠、信息化扶贫等方式为贫困地区、贫困人群开展网络扶贫相关工作，提高行政村光纤通达率、行政村移动网络覆盖率、重点道路沿线无线网络覆盖率，不断完善农村网络基础设施、统筹推进提速降费专项行动和深化拓展农村信息服务应用，确保广大贫困群众“用得上、用得起、用得好”信息通信服务。在此基础上，大数据、云计算、互联网、物联网等迅速与各行各业融合发展，形成了“网络 +”精准扶贫模式。中国移动充分发挥通信网络的基础作用，从多个方面辐射带动价值链各领域推进扶贫事业，为我国精准扶贫、脱贫攻坚注入了全新力量。

2. 精确把握当地需求

扶贫地区在产业、健康、教育、就业、农产品销售等领域的实际诉求希望得到满足。中国移动结合当地实际情况，配合当地政府，认真谋划、精心筛选扶贫项目，坚持“精准扶贫、改善民生、务求实效、重点倾斜”

的原则，将当前与长远、输血与造血、扶贫与扶志扶智相结合，聚焦产业扶贫、健康扶贫、教育扶贫、消费扶贫、就业扶贫、民生扶贫和公益扶贫等领域，合理分配、精准安排，促进对口帮扶地区经济社会发展。

3. 广泛动员多方参与

多方参与是指政府、帮扶对象、消费者、合作伙伴、媒体、公益组织、社会力量等不同利益相关方在中国移动的影响下广泛参与扶贫事业。作为网络连接平台，中国移动一端连接着贫困群体，另一端连接着利益相关方。中国移动积极回应和吸纳各利益相关方的诉求，加强透明沟通，建立和谐发展关系，获得贫困群众及各方的认同和支持。

一是政企合作，深度融入大扶贫格局。与国务院扶贫办、国资委、各省扶贫办等政府机构合作，携手拓展“网络 +”精准扶贫模式，投资参股“中央企业贫困地区产业投资基金”，减免流量全力支持中国社会扶贫网发展，首批签约、上线农产品入驻中国社会扶贫网“央企电商签约馆”。二是携手社会组织、员工、合作伙伴、扶贫对象等利益相关方共同推进扶贫。对内发动企业员工，对外积极协调产业链上下游合作伙伴、联合各类社会组织，激发扶贫对象能动性，凝聚合力，发挥联动效应，并注重与贫困群众及各利益相关方共享扶贫成果。三是与媒体合作，加强推广宣传。中国移动扶贫工作相关经验在国务院扶贫办、国资委、工信部等部委所办刊物上多次发表，在中央电视台、学习强国、人民网、新华网等权威媒体上多次报道。

（五）保障措施

中国移动坚持精准扶贫精准脱贫基本方略，发挥党建引领作用，将内部各单位扶贫工作完成情况纳入党建工作责任制考核，激励各单位积极完成任务，压实扶贫责任。

1. 加强组织领导，健全工作管理机制

中国移动建立了“横向协同、纵向贯通、结对帮扶、内外参与”的工作机制。通过“分解落实、督办通报、考核问责”等举措，建立横向协同的工作机制，形成扶贫合力。通过健全“集团统筹、省公司主管、市州公司＋挂职扶贫干部抓落实”的三级管理体制，形成纵向贯通的工作机制，自上而下、自下而上双向沟通。安排集团内部9个实力较强的东部省公司结对帮扶定点六县，帮助引入帮扶资金、销售农产品。发挥企业规模和影响力优势，对内发动50万员工，对外动员10亿客户，积极协调各方合作伙伴，调动社会各界力量共同参与扶贫。

2. 加大资金投入，完善资金管理制度

十多年来，中国移动坚持“输血”与“造血”相结合，无偿捐赠扶贫资金近19亿元，在对口帮扶的五省（区）八县累计捐赠扶贫资金10亿元，实施各类扶贫项目超过200个，从民生改善、产业扶持、教育扶智、医疗健康、公益捐助等多个方面，助力对口帮扶地区全面脱贫致富。

为规范扶贫管理，中国移动印发了扶贫援助项目管理办法、扶贫捐赠项目资金管理办法等规章制度，从项目选定、资金拨付、资金使用、项目变更等方面，详细明确了相关原则和操作要求。

3. 提供人员保障，发挥挂职干部作用

中国移动精准选派熟悉党群工作、经济工作、社会工作，政治素质好、工作作风实、综合能力强，具备履职身体条件的优秀干部到定点扶贫县挂职、到贫困村担任第一书记，通过开展专题学习和培训，培养挂职干部业务能力和综合素质，全面加强关心关爱，保障扶贫干部安心挂职、全力攻坚。

（六）扶贫路径

中国移动围绕网络核心专业优势，聚焦教育、语言、文化、健康、消费、产业、就业、民生等扶贫领域，携手政府、社会力量、员工、合作伙伴等利益相关方共同参与扶贫，为助力打赢脱贫攻坚战贡献"移动力量"。

1. 网络扶贫

中国移动以网络扶贫为主线，牢牢把握"移动信息专家"的独特优势，从网络覆盖、资费优惠、终端配套、信息服务等多个方面统筹规划、协同配合，缩小贫困地区与发达地区的数字鸿沟，积极担当网络扶贫主力军，搭建脱贫信息高速路，累计投入 776 亿元资金开展网络扶贫，通过信息化服务改变贫困群众生活、提高生产效率、创造致富机会。

完善通信基础设施。2019 年，在全国贫困地区投资 102 亿元开展 4G 和有线宽带网络建设，全国行政村 4G 网络覆盖率达到 98%，建档立卡贫困村宽带网络覆盖率达到 96%。电信普遍服务工程建成 4G 基站约 6400 个，完成超过 4500 个偏远农村、黑龙江等 6 省边境线、海南西沙 6 个海岛的 4G 网络覆盖建设，任务总量居行业首位，其中海岛覆盖占行业比例 100%，边境线覆盖占行业比例 82%，偏远农村覆盖占行业比例 44%。

加强资费扶贫和手机扶贫。中国移动为贫困群众定制推出 18 元、28 元专享"扶贫套餐"，共惠及 995 万建档立卡贫困客户，让利 15 亿元。2019 年向深度贫困的西藏及四川、甘肃两省藏区贫困户发放 1.5 万部汉藏双语手机，配套提供通信资费优惠价值 775 万元，两年累计发放手机 3.5

万部，提供资费优惠价值 1335 万元。向定点扶贫的疏勒、白沙等县贫困群众捐赠自有品牌手机 3300 台，价值 127 万元。

开发精准扶贫系统。中国移动依托自身海量数据管理能力、信息功能研发实力，了解一线帮扶干部与贫困户需求，自主研发精准扶贫系统，可实现“一部手机连接地方政府、帮扶干部、贫困群众、社会爱心人士四类用户；一套系统精准研判扶贫工作；一个平台汇聚社会多方扶贫资源”。该系统运行成效得到了国务院扶贫办、国家审计署等国家部委以及河南、湖南等 27 个省市领导的肯定和关注，获得央视“新闻联播”“国家品牌计划”等栏目的专题报道和全国 120 余家主流媒体的宣传推介，先后荣获联合国信息社会世界峰会（WSIS）电子政务类最高项目奖（Winner），入选 2019 年联合国粮农组织“全球减贫案例”。

2. 网络 + 扶贫

中国移动结合通信行业特点和自身优势，重视激发贫困地区群众的内生动力和积极性，创新性地在教育、语言、文化、健康、消费、产业等层面开展特色创新扶贫实践。通过创新“网络 + 教育扶贫”，有效解决优质教育资源共享的深度与广度问题；通过创新“网络 + 语言扶贫”，帮助少数民族地区解决语言交流困难；通过创新“网络 + 文化扶贫”，助力贫困地区整体文化素质和科学技术水平的提高；通过创新“网络 + 健康扶贫”，推动优质医疗资源逐级下沉到县、到乡、到村，有效解决因病致贫、因病返贫的问题；通过创新“网络 + 消费扶贫”，从消费、渠道到供给全产业链推动，促进农产品销售，为贫困地区发展注入内生动力；通过“网络 + 产业扶贫”，推动精准扶贫由“授鱼式”向“授渔式”转变。

教育扶贫。中国移动通过资金捐助和校园建设的方式助力完善当地教育基础设施，加强贫困地区校园网络覆盖，实现贫困农村地区与城市同网、同速、同质。同时，充分发挥专业优势，搭建在线网络教育平台，通过吸引各方力量广泛参与，积极组织开展教育扶贫公益行动，进一步缩小城乡教育资源差距，促进优质教育资源共享。中国移动打造“名师直播课程 + 管理软件 + 智能硬件”的同步课堂整体解决方案，重点在“三区三州”等中西部贫困地区推广部署。2019 年建设同步课堂教室 400 余间，惠及贫困学生 2 万多名。通过“和教育”云平台，为贫困地区师生和家长免费提供各类学习资源，已汇集超千万条教育资源、超百款教育应用，帮助了超过 2000 万名留守儿童、150 万名乡村教师。通过“双师课堂”，全国已有百余所偏远地区学校可以与城市学校“同上一堂课”；通过“和直播”，农村学校的孩子可享受与名校教学进度一致的同步直播课堂；通过“备课中心”应用平台，可为贫困地区教师提供 2 万余所名校的丰富备课资源。

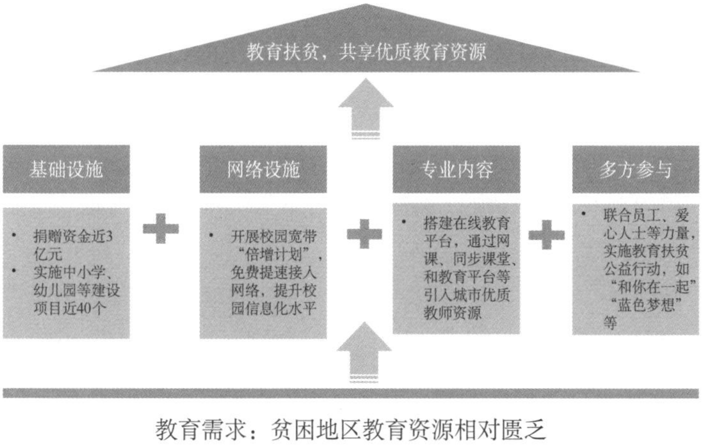

中国移动教育扶贫

语言扶贫。一方面，中国移动投入资金和人力助力语言翻译软件开发，创建普通话示范村；在完善少数民族地区网络基础设施的同时，以购机流量补贴、每月5G定向流量减免和“语言扶贫定制手机”的方式为语言工具使用提供流量保障，实现“放心学”。另一方面，中国移动联合科技公司等多方伙伴打造核心武器——语言扶贫App。该应用程序涵盖了1000句普通话常用语和云南当地500个高频词，将普通话学习融入常用语境及场景，能够基于大数据技术进行自动评价反馈，通过强化效果数据管理，推动“精准学”。在此基础上，借助云南645家营业厅、1.5万家社会渠道和1.1万家村级服务站推广语言扶贫App，联合教育主管部门，宣传成功案例，以标杆效应带动复制推广，形成多方参与宣传的良好氛围，促进“规模学”。截至2019年底，语言扶贫App用户已近20万，2.7万贫困人口已领取“语言扶贫”定制机并享受流量减免。云南永春乡阿沙落村农户在普通话水平提升后，外出打工年收入从1万元增长至4万元。

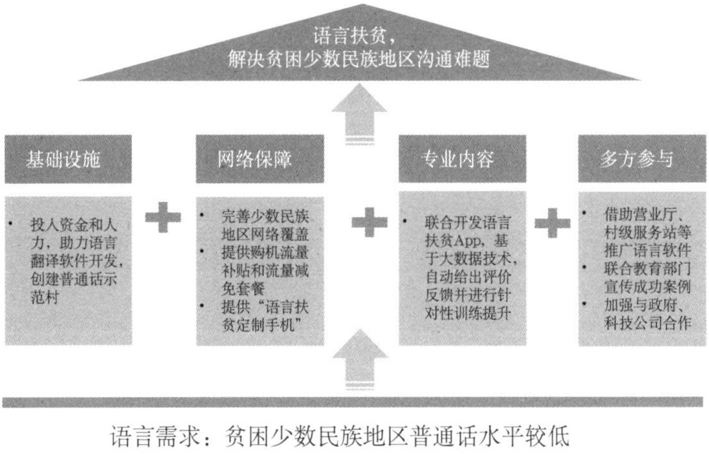

中国移动语言扶贫

文化扶贫。中国移动从贫困地区整体文化水平相对落后的实际出发，面向基层干部和技术人员组织开展扶贫培训，完善贫困地区通信基础设施，发挥网络优势搭建三农信息服务平台，携手教育专家、明星、大学生、公益机构等社会力量开展送课下乡，致力于全面推动贫困地区整体文化水平提升。在为贫困地区提供三农信息资源方面，投资 15.2 亿元打造全国最大的三农信息服务平台——12582 农信通平台，提供农业政策、农业技术、电商创业等相关知识，覆盖全国所有区县，服务用户超 8000 万户，月均使用 10 亿人次。

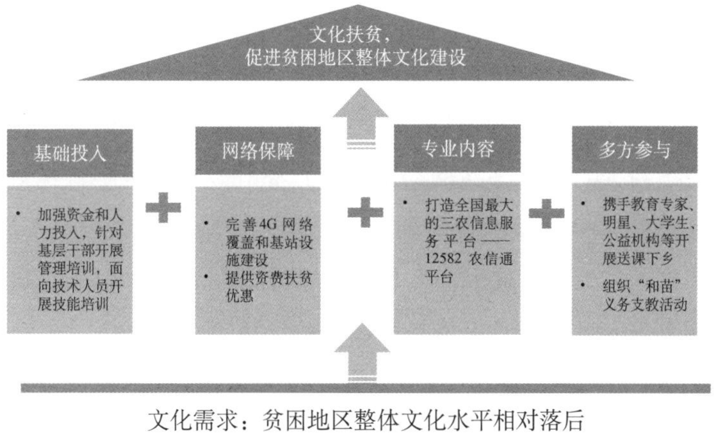

中国移动文化扶贫

健康扶贫。中国移动通过资金捐赠促进医疗基础设施改善，参与多个医院、卫生院等医疗设施建设项目。同时，以网络优势为核心，积极构建“一网三服务”的健康扶贫信息化服务体系，推出 HIS 医院信息系统、电子病历、村医通 App 等医疗信息化解决方案，开展远程会诊、远程心电诊断等。此外，联合中日友好医院等国家级医疗资源，实现优质医疗资源逐级下沉，联合社会力量开展以健康扶贫为主线的公益行动，促进贫困地区群众病有所医。

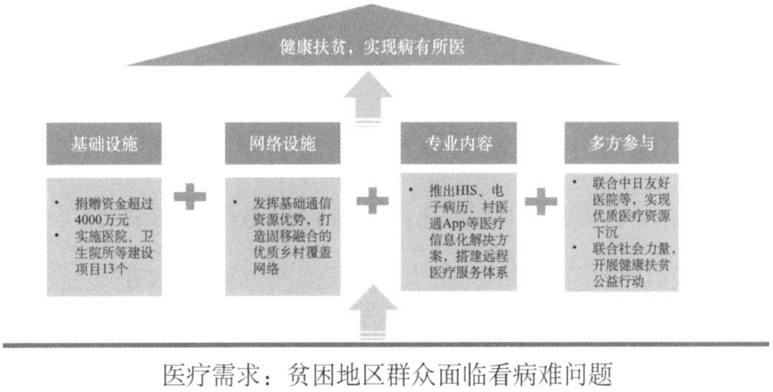

中国移动健康扶贫

消费扶贫。中国移动牢牢抓住消费扶贫政策要求，秉承“互利双赢”的发展理念，加快从简单送钱送物向以购代捐、供需对接转变，在生产加工环节加强农产品前端拣货、品质控制和包装优化；增加信息基础设施建设资金投入，提高当地网络覆盖率；充分发挥网络平台优势，搭建以中国移动扶贫商城等为代表的电商平台；鼓励多方参与农产品销售，动员中国移动员工和扶贫干部参与销售农产品，为贫困户增收提供保障。2019 年购买和销售贫困地区农产品超过 1 亿元。

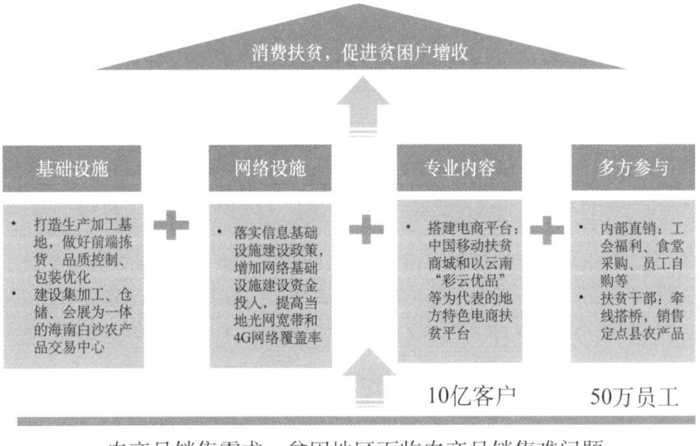

中国移动消费扶贫

产业扶贫。中国移动从扶贫地区实际情况和产业需求出发，在基础设施层面参与工厂车间、蔬菜大棚等设施援建，不断增加产业扶贫资金投入。中国移动积极响应国务院国资委号召，2019 年出资 11 亿元、累计出资 16 亿元参与“中央企业贫困地区产业投资基金”，为贫困地区产业发展提供资金保障。在全国贫困地区引进企业 62 家，其中在定点六县引进企业 15 家，扶持龙头企业和农村合作社 12 家，带动贫困人口脱贫 2601 人。

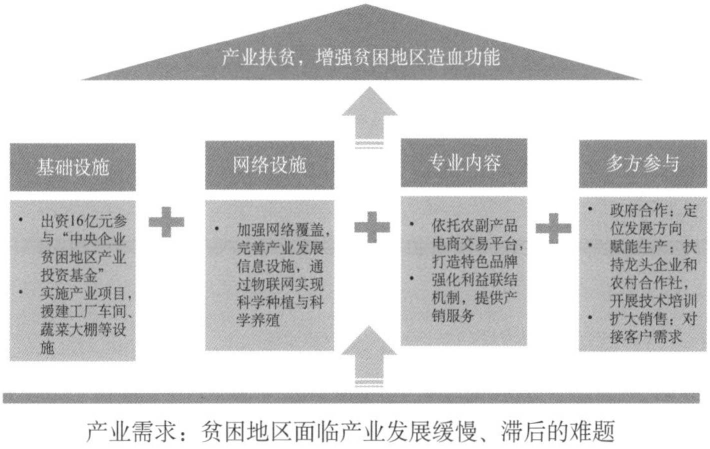

中国移动产业扶贫

3. 民生就业扶贫

中国移动在全面落实国家扶贫基础标准和中央企业扶贫总体要求的基础上，围绕“两不愁三保障”的基本目标，积极开展就业扶贫、民生扶贫，着力解决贫困群众的住房、就业、农产品销售等基础保障性问题。

就业扶贫。中国移动在扶贫过程中因地制宜，发展当地特色产业，给当地村民创造就业岗位。2019 年，中国移动及合作伙伴招用贫困家庭人口 735 人，在全国 441 个贫困县提供务工需求岗位 1.4 万个，为贫困人口培训就业技能 7568 人，帮助贫困人口实现转移就业 9312 人，与西藏自治区协商确认就业扶贫援藏合作，承诺每年为西藏籍高校毕业生提供至少 100 个区内外就业岗位。在新疆疏勒县投资 300 万元建设库木西力克乡电子产品产业园、巴仁乡一村服装和农产品合作社园区，全部建成后可创造 600 个就业岗位，带动当地 200 余名贫困人口脱贫。

民生扶贫。中国移动牢牢抓住“两不愁三保障”的基本目标，2019 年在民生改善方面投入 7000 多万元，先后在西藏改则县、青海玛沁县、海南白沙县实施安居工程项目，在青海玛沁县、黑龙江桦南县和汤原县、新疆洛浦县实施人畜饮水工程项目，在黑龙江桦南县、青海玛沁县、海南白沙县实施乡村公路项目，帮助贫困人口 1194 人，改善当地生产生活条件，解决贫困群众实际生活困难。

四、中国移动精准扶贫工作展望

打赢脱贫攻坚战，事关党和国家事业发展全局。中国移动扎实落实中央各项要求部署，扶贫工作取得较好成效，但部分贫困地区仍然存在“等、靠、要”思想，部分贫困群众存在内生发展动力不足、主观意愿不强、自身能力不够等问题，还需进一步聚焦重点地区、突出问题，培养当地“造血机能”，巩固脱贫成果防止返贫，建立稳定脱贫长效机制。

（一）聚焦专业优势，深化“网络 +”精准扶贫模式

习近平总书记指出：“推进扶贫开发、推动经济社会发展，首先要有一个好思路、好路子。要坚持从实际出发，因地制宜，理清思路、完善规

划、找准突破口。”中国移动以网络连接平台为核心所形成的“网络 +”精准扶贫模式是在扶贫管理实践基础上，着眼于解决在精准扶贫工作中面临的实际问题的过程中形成的。中国移动应继续围绕组织、资金和人员三大保障，发挥自身核心专业优势，深化“网络 +”精准扶贫模式，充分结合贫困地区、贫困人群的实际，采取个性化的、有针对性的扶贫手段，不断拓宽扶贫渠道，进一步深化扶贫模式路径，提升扶贫质量，为信息通信行业开展精准扶贫提供借鉴和参考。

（二）开展特色创新扶贫，优化扶贫模式路径

教育、语言、文化、健康、消费、产业、就业等特色创新扶贫实践，能够激发贫困地区群众的内生动力和积极性，推动精准扶贫由“授鱼式”向“授渔式”转变，由“输血式”向“造血式”转变，具有较好的综合价值创造成效。中国移动一方面应深化“1+3+X”精准扶贫模式路径，持续开展特色创新扶贫，结合实际需求，深化教育、语言、文化、健康、消费、产业、就业等特色创新扶贫路径；另一方面应加强基础保障类扶贫，围绕“两不愁三保障”的基本目标，创新性解决贫困群众的住房、饮水、农产品销售等基础保障性问题。

（三）携手内外利益相关方，共同参与合力攻坚

在整个扶贫过程中，更加广泛、更加有效地动员和凝聚各方面力量，才能形成合力，发挥最大的效用。一方面，中国移动应充分发挥集团公司扶贫办公室和各省公司、专业公司扶贫主管部门的组织领导作用，统筹公司内部资源，紧紧围绕扶贫工作总体目标，各司其职、各负其责，有序开

展扶贫实践，确保2020年脱贫目标按期实现。另一方面，应重视外部力量的支持和拉动作用，系统总结和提炼企业在精准扶贫过程中的典型经验和优秀做法，形成可实践、能传播的经典做法、管理工具和实践指南，进一步加强与政府、行业、相关企业、非政府组织（NGO）、大学生、志愿者等外部利益相关方在扶贫过程中的联系和沟通，发挥企业产业资金优势，深化在促进农产品销售、提供就业岗位、提高健康医疗水平等方面的多领域合作，深入解决贫困地区的实际困难，实现优势互补、互利共赢。

（四）统筹经济社会环境，助力乡村振兴发展

中央农村工作会议提出，实施乡村振兴战略，要按照产业兴旺、生态宜居、乡风文明、治理有效、生活富裕的总要求，让农业成为有奔头的产业，让农民成为有吸引力的职业，让农村成为安居乐业的美丽家园。2020年是精准扶贫的收官之年，中国移动应继续提高政治站位，精准施策，不断提升脱贫质量和效果，贡献中国移动脱贫方案、脱贫智慧，统筹经济、社会、环境协调发展，践行“绿水青山就是金山银山”理念，将扶贫与生态环境保护有机结合，提前布局乡村振兴战略，巩固扶贫成果，有效衔接“脱贫攻坚”和“乡村振兴”两大战略，实现从扶贫到共富的转变。

中国一汽“五位一体扶贫 +”
精准扶贫模式

吉林镇赉县解放社区“一汽小镇”

吉林和龙市柳洞村金达莱“一汽小镇”

广西凤山县坡心村“一汽小镇”

中国一汽在广西凤山县文里村建立高山蔬菜基地、中草药种植及实验基地

广西凤山县无公害水稻生产基地

广西凤山县坡心村林下养殖示范基地

吉林镇赉县甜瓜生产基地

中国一汽董事长、党委书记徐留平在“红旗扶贫梦想基金”成立仪式上发言

红旗梦想艺术课堂

红旗梦想自强班体育活动

红旗梦想自强班夏令营活动

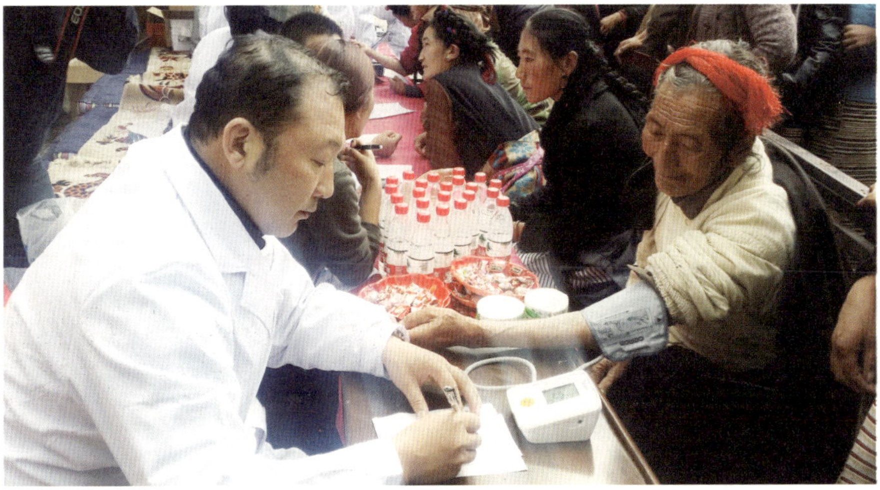

一汽总医院援藏医疗队在藏区开展义诊救助活动

中国一汽和中华少年儿童慈善救助基金会“手挽手”

中国一汽援藏医疗队 · 义诊暖人心

举办以“一汽携手　为你而来”为主题的中国一汽对口帮扶县（市）推介会

中国一汽线下扶贫馆

打造“中国一汽扶贫馆”线上馆、线下馆

基于“人 · 车 · 社会和谐发展”的社会责任理念和“学习、创新、抗争、自强”的企业精神，结合 18 年的精准扶贫管理和实践，中国第一汽车集团有限公司（以下简称中国一汽）形成了具有自身特色的精准扶贫模式——“五位一体扶贫 +”精准扶贫模式。该模式是对中国一汽长期以来精准扶贫管理和实践的总结、提炼和升华，展示了中国一汽如何将精准扶贫全面融入战略、管理和运营的行动路径和方案。

一、中国一汽精准扶贫工作概述

2002 年以来，在党中央、国务院决策部署下，中国一汽先后向吉林、西藏、广西等 3 省（自治区）5 县开展对口支援及定点扶贫工作。18 年来，中国一汽累计投入扶贫资金 16 亿元，派驻扶贫干部 11 批 34 人，惠及贫困人口 11.8 万人，35.5 万人间接受益。截至 2020 年 5 月，中国一汽对口帮扶的吉林镇赉县、吉林和龙市、西藏左贡县、西藏芒康县、广西凤山县已全部实现脱贫摘帽。在中央单位定点扶贫工作考评中，中国一汽连续三年获得“好”的最高评级，为助力全面打赢脱贫攻坚战贡献了央企力量！

二、中国一汽“五位一体扶贫 +”精准扶贫模式构成

（一）模式示意图

中国一汽“五位一体扶贫 +”精准扶贫模式由主体模块和功能模块构

成。其中，主体模块包括扶贫目标、扶贫管理、帮扶行动三个子模块，扶贫目标、帮扶行动子模块相当于中国一汽精准扶贫模式的两个“车轮”，扶贫管理子模块相当于中国一汽精准扶贫的“引擎 + 方向盘”；功能模块即动力传动模块，相当于中国一汽精准扶贫模式的传动系统。

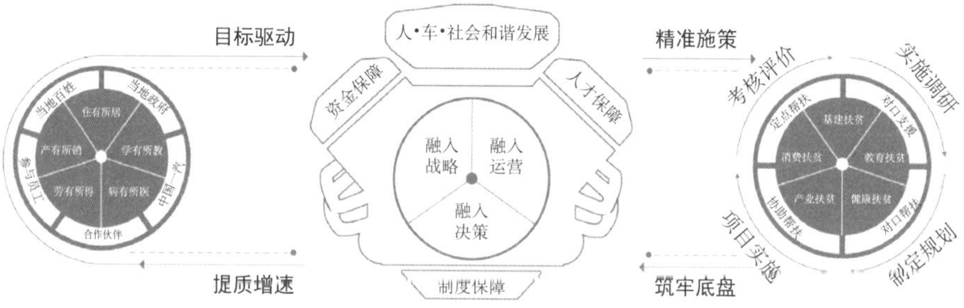

中国一汽“五位一体扶贫 +”精准扶贫模式

“五位一体扶贫 +”的内涵

● 五位一体扶贫目标 +：住有所居、学有所教、病有所医、劳有所得、产有所销 + 人 · 车 · 社会和谐发展；

● 五位一体受援地区 +：对口帮扶（吉林镇赉县、吉林和龙市、广西凤山县）、对口支援（西藏左贡县和芒康县）+ 协助帮扶（河北阜平县）、定点帮扶（吉林省内 7 个村）+ 长征路沿线 105 个国家级贫困县；

● 五位一体帮扶行动 +：基建扶贫、教育扶贫、健康扶贫、产业扶贫、消费扶贫 + 红旗扶贫梦想基金。

（二）主体模块的构成

主体模块是中国一汽“五位一体扶贫 +”精准扶贫模式的核心，包括扶贫目标、扶贫管理、帮扶行动三个子模块。

扶贫目标子模块包括中国一汽的扶贫理念和扶贫目标。旨在助力受援地区打赢脱贫攻坚战，助力实现“住有所居、学有所教、病有所医、劳有所得、产有所销 + 人 · 车 · 社会和谐发展”的整体目标，体现了中国一汽作为中央企业的高度使命感和社会责任感，也是中国一汽构建企业特色“五位一体扶贫 +”精准扶贫模式的基础。

扶贫管理子模块是中国一汽开展各项扶贫开发工作的体系化支撑。通过扶贫开发工作制度保障、人才保障以及资金保障，推动精准扶贫工作融入战略、融入决策、融入运营。扶贫管理子模块为中国一汽集团领导、责任部门、责任科室指导实施精准扶贫项目提供了基本依据和规范，促进了扶贫开发工作有计划、有步骤、高效地推进。

帮扶行动子模块则是中国一汽结合国家政策与战略规划指引、整体目标和受援地区的实际情况构建的扶贫实践矩阵。帮扶行动子模块以实地调研、制定规划、项目实施、考核评价为具体项目实施路径，指导中国一汽在“基建扶贫、教育扶贫、健康扶贫、产业扶贫、消费扶贫 + 红旗扶贫梦想基金”这几个重要方面开展扶贫工作，筑牢贫困地区的发展“底盘”。

（三）功能模块的构成

功能模块就是动力传动模块，是中国一汽在 18 年来的精准扶贫管理和实践中总结提炼出的“目标驱动、精准施策、筑牢底盘、提质增速”四位一体、逐步深入的精准扶贫模式推进路径。

（四）模块之间的关系

中国一汽“五位一体扶贫 +”精准扶贫模式以“住有所居、学有所教、病有所医、劳有所得、产有所销 + 人 · 车 · 社会和谐发展”为目标驱动；以制度、人才、资金为三重保障，将精准扶贫工作融入战略、融入决策、融入运营；以“基建扶贫、教育扶贫、健康扶贫、产业扶贫、消费扶贫 + 红旗扶贫梦想基金”为抓手，在对口帮扶县市（吉林镇赉县、吉林和龙市、广西凤山县）、对口支援县（西藏左贡县、芒康县）、协助帮扶县（河北阜平县）、定点帮扶点（吉林省内 7 个村）以及长征路沿线 105 个国家级贫困县，聚焦精准、因村因户因人施策；通过以实地调研、制定规划、项目实施、考核评价为具体项目实施路径，筑牢贫困地区的发展“底盘”；再次以制度、人才、资金的三重保障为贫困地区的提质增速保驾护航，进而使得当地百姓、当地政府、合作伙伴、中国一汽、参与员工等多个利益相关方共同受益。

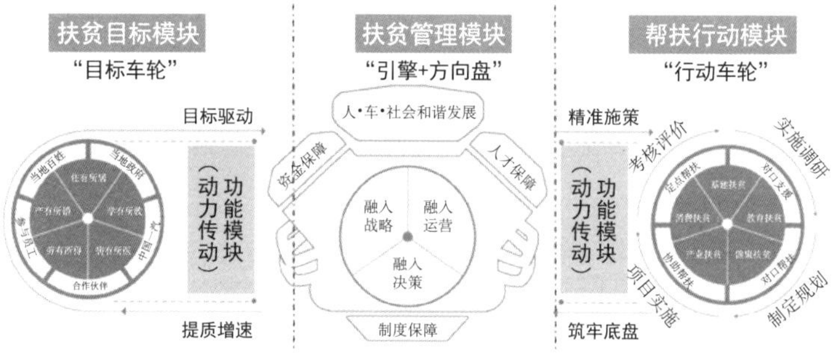

中国一汽“五位一体扶贫 +”精准扶贫模式各模块作用解析

中国一汽“五位一体扶贫 +”精准扶贫模式由主体模块和功能模块共同构成，两者缺一不可，相辅相成。主题模块体现的是中国一汽开展精准扶贫工作的整体目标、管理方式、核心内容、项目实施路径、覆盖范围、受益对象；功能模块，即动力传动模块，体现的是中国一汽开展精准扶贫工作的推进路径，就像一辆汽车的传动系统，使得驱动扶贫目标、帮扶行动“双轮”子模块在扶贫管理子模块的“引擎 + 方向盘”的作用下向前行驶。在具体实践中，主体模块和功能模块随着实践的深入不断丰富、完善和升级内涵。

三、中国一汽“五位一体扶贫 +”精准扶贫模式内涵解读

中国一汽“五位一体扶贫 +”精准扶贫模式具有丰富的内涵：从整体来看，该模式是中国一汽推进精准扶贫工作的总体思路和行动路线图；从各模块来看，该模式是中国一汽推进精准扶贫工作的操作指南。总体来说，“五位一体扶贫 +”精准扶贫模式明确了中国一汽推进精准扶贫工作的核心目标、行动依据、实现方式、基本路径和核心领域。

（一）核心目标

以习近平总书记扶贫开发重要战略思想为指导，中国一汽将社会责任理念——人 · 车 · 社会和谐发展、企业精神学习、创新、抗争、自强作为开展扶贫开发工作的重要依据。结合“基建扶贫、教育扶贫、健康扶贫、产业扶贫、消费扶贫”+“红旗扶贫梦想基金”的各项扶贫行动，中国一汽设立了各扶贫行动的分目标——“住有所居、学有所教、病有所医、劳有所得、产有所销”。

中国一汽“五位一体扶贫 +”精准扶贫模式的核心目标是助力受援地区打赢脱贫攻坚战，助力实现“住有所居、学有所教、病有所医、劳有所得、产有所销 + 人 · 车 · 社会和谐发展”的整体目标。综合了整体目标、受援地区、帮扶行动三个主要方面的中国一汽“五位一体扶贫 +”精准扶贫模式有助于推动中国一汽构建与受援地区当地政府、当地百姓、合作伙伴和谐互

动的关系，为助力受援地区打赢脱贫攻坚战营造良好的氛围。

（二）行动依据

•《习近平扶贫论述摘编》

党的十八大以来，习近平总书记站在全面建成小康社会、实现中华民族伟大复兴中国梦的战略高度，把脱贫攻坚摆到治国理政突出位置，提出一系列新思想新观点，作出一系列新决策新部署，形成了《习近平扶贫论述摘编》。

《习近平扶贫论述摘编》主要包括：一是决胜脱贫攻坚，共享全面小康；二是坚持党的领导，强化组织保证；三是坚持精准方略，提高脱贫实效；四是坚持加大投入，强化资金支持；五是坚持社会动员，凝聚各方力量；六是坚持从严要求，促进真抓实干；七是坚持群众主体，激发内生动力；八是携手消除贫困，共建人类命运共同体。

•《中国农村扶贫开发纲要（2011—2020 年）》

随着《中国农村扶贫开发纲要（2001—2010 年）》的完成，国家根据新时期扶贫工作的需要，制定了《中国农村扶贫开发纲要（2011—2020 年）》。此纲要确定的扶贫目标是让贫困户实现“两不愁三保障”，即不愁吃、不愁穿，义务教育、基本医疗和住房安全有保障。为了保障这一扶贫目标实现后脱贫农户仍然获得持续发展，提出当前扶贫任务要做到：建设基本农业和水利，建设特色支柱产业；解决饮用水安全，全面解决用电问题；建制村通沥青或水泥路，村村通班车；消除农村贫困户危房；基本普及学前教育，均衡义务教育；贫困地区县乡村三级医疗网全面建成；贫困县有图书馆、文化馆，乡镇有综合文化站，行政村有文化活动室；新型救济体系全面建成；生态环境，特别是森林覆盖率提升5个百分点。

为了实现以上目标，国家在2013年提出以贫困户为对象实施精准扶贫。2015年12月，中共中央和国务院在《中共中央 国务院关于打赢脱贫攻坚战的决定》中，确定了“到2020年，稳定实现农村贫困人口不愁吃、不愁穿，义务教育、基本医疗和住房安全有保障”的扶贫目标。

- **《乡村振兴战略规划（2018—2022年）》**

党的十九大报告指出，农业农村农民问题是关系国计民生的根本性问题，必须始终把解决好“三农”问题作为全党工作的重中之重，实施乡村振兴战略。2018年9月，中共中央、国务院印发了《乡村振兴战略规划（2018—2022年）》，对乡村振兴做出进一步工作部署。乡村振兴战略的总要求是“产业兴旺、生态宜居、乡风文明、治理有效、生活富裕”，优先任务是“打好脱贫攻坚战”。

中国一汽认真学习、深入领会习近平总书记扶贫开发重要战略思想，全面落实《中共中央 国务院关于打赢脱贫攻坚战的决定》及《中共中央 国务院关于打赢脱贫攻坚战三年行动的指导意见》，将扶贫开发工作纳入集团公司的“十三五”总体战略，引领全集团在“十三五”期间践行央企责任，争做卓越企业公民，实现可持续发展。

中国一汽还将扶贫开发工作融入《中国一汽“十三五”社会责任工作规划》，明确扶贫开发工作指导思想，树立扶贫阶段目标、落实扶贫责任、规划精准扶贫措施，以确保圆满完成“十三五”脱贫攻坚的重大目标。2019年，中国一汽编制了《中国一汽全力支持打赢脱贫攻坚战行动计划（规划）》，制定了《中国第一汽车集团有限公司2019年扶贫开发工作规划》，确定了2019年扶贫工作的总体思路，全力坚决支持定点扶贫地区打赢脱贫攻坚战，实现脱贫摘帽，并深入研究探索中国一汽后扶贫时代与乡村振兴的有机衔接。

（三）实现方式

中国一汽强化集团领导统筹、责任部门负总责、责任科室抓落实的工作机制，将脱贫攻坚工作融入战略、融入决策、融入运营，持续加强定点扶贫工作调研、督导和评价，层层落实责任，形成统筹联动、上下协调的工作模式，为助力打赢脱贫攻坚战提供坚强的政治保证和组织保证。

- **融入战略，提高政治站位**

中国一汽将扶贫开发工作纳入集团公司“十三五”总体战略，并融入《中国一汽“十三五”社会责任工作规划》，编制了《中国一汽全力支持打赢脱贫攻坚战行动计划（规划）》，全力坚决支持定点扶贫地区打赢脱贫攻坚战，实现脱贫摘帽，深入研究探索中国一汽后扶贫时代与乡村振兴的有机衔接。

中国一汽成立了由党组领导担任组长的对口支援及扶贫工作领导小组，负责扶贫工作的总体决策和部署。领导小组每年定期召开会议，研究确定年度计划与安排，对重大事项临时召开会议，保障扶贫开发工作有序向前推进。为了加强集团公司对扶贫工作的领导，确保打赢脱贫攻坚战，中国一汽还成立了由党委常委、副总经理担任组长的扶贫工作小组。扶贫工作小组日常办事机构为扶贫工作小组办公室（以下简称扶贫办），设在集团公司品牌公关部，负责具体定点扶贫工作。

- **融入决策，构建统筹联动**

中国一汽将脱贫攻坚列入党委常委会和总经理办公会固定议题，保证扶贫工作在第一时间决策部署，同时围绕脱贫攻坚建立了三级会议体制和专项报告体制，确保扶贫领域各项工作有序开展，积极完成预期任务。

在《党委常委会议事规则》和《总经理办公会议事规则》中，设置了专门条款保证社会责任工作融入中国一汽的企业重大决策和日常运营；《党群办公会议事规则》明确社会责任是集团公司党建工作重要内容；制定了《对外捐赠管理规定》，确保社会责任工作费用依法合规纳入集团公司预算管理。

扶贫工作小组每半年向扶贫领导小组报告一次集团公司定点扶贫工作的进展情况；扶贫办每季度向扶贫工作小组报告一次集团公司的定点扶贫工作；集团公司扶贫相关各职能部门、挂职干部每月向扶贫办报送一次本业务领域扶贫的工作信息，由扶贫办汇总形成集团公司定点扶贫工作季度报告，并书面呈报扶贫工作小组。

● **融入运营，加强上下协调**

为切实保障脱贫攻坚各项工作稳妥有序向前推进，中国一汽实施精准扶贫“双覆盖”，扶贫调研对象覆盖全部对口帮扶县（市）、镇、乡、村、贫困户；扶贫调研带队领导覆盖集团公司全体班子成员，每一位党委班子领导成员都要亲赴对口帮扶地区（市）开展调研工作；带头转变作风，接地气、查实情，了解贫困群体实际需求，掌握第一手资料，发现突出矛盾，解决突出问题。

“十三五”期间，中国一汽领导班子成员先后 18 人次赴定点扶贫地区（市），就帮扶资金落实、项目进展、扶贫领域作风建设及建档立卡贫困家庭受益情况等进行实地调研、考察、指导，帮助困难群众解决“两不愁三保障”问题，积极推进定点扶贫地区如期完成脱贫攻坚任务、巩固脱贫攻坚成果。

此外，中国一汽认真落实党中央、国务院关于打赢脱贫攻坚战三年行动的决策部署，按照重大决策事项占比、党建工作绩效考评占比两项综合折算，确定扶贫工作在集团所属各单位绩效和高级经理人员绩效考评中的占比均不低于3%，确保各有关部门和负责人扎实有效开展扶贫工作。

（四）基本路径

中国一汽重点围绕稳定实现“两不愁三保障”，聚焦基建、教育、健康、产业、消费等扶贫领域，携手政府、合作伙伴、员工等利益相关方共同参与扶贫，为助力定点扶贫地区打赢脱贫攻坚战贡献“一汽力量”。

- **目标驱动**

对口支援和扶贫开发是国家的战略决策。作为中央企业，中国一汽积极响应党中央、国务院的号召，认真贯彻落实“六个精准”“五个一批”等国家扶贫开发政策和方针，承担国家对口支援及定点扶贫开发任务。

脱贫攻坚，目标引领。中国一汽以习近平总书记扶贫开发重要战略思想为指导，秉持“人·车·社会和谐发展”的社会责任理念，以“学习、创新、抗争、自强”为企业精神，因地制宜，精准扶贫，创新帮扶，经过持续有效的帮扶，切实让贫困地区的群众“住有所居、学有所教、病有所医、劳有所得、产有所销”，帮助贫困地区实现“输血”向“造血”的转变，动员受援地区的人民群众参与经济共建、共享发展果实，加快贫困地区脱贫致富奔小康的进程，实现“人·车·社会和谐发展”。

- **三重保障**

中国一汽以制度、人才、资金为三重保障，将精准扶贫工作融入战略、融入决策、融入运营。

在制度保障方面，中国一汽将扶贫开发工作提升到战略高度，把脱贫攻坚任务纳入“十三五”战略规划，编制《中国一汽全力支持打赢脱贫攻坚战行动计划（规划）》，制定并严格执行《定点扶贫工作管理规定》，围绕脱贫攻坚主题建立三级会议体制和专项报告体制。同时，为全面加强扶贫工作的管理和体系能力建设，中国一汽还成立对口支援及扶贫工作领导小组和扶贫工作小组。在品牌公关部设立扶贫工作小组日常办事机构——扶贫工作小组办公室。此外，中国一汽编制了《集团公司党委关心干部十六条措施》，从提高体检标准、岗位交流、优先提拔任用等方面规范、加强了帮扶地区挂职干部的福利和待遇。

在人才保障方面，中国一汽向受援地区选精派优、扎根基层，投入扶贫。截至 2019 年 10 月，累计派驻 11 批共 34 名扶贫干部人才。挂职干部按月报告工作、按季填报表格、按年度提交扶贫工作总结。挂职副县长定期驻村，第一书记吃、住、工作全部在村，与群众打成一片，做到了“进村狗不叫，入户狗不咬”，成为老百姓生活贴心人、脱贫带头人。挂职干部除认真完成在各定点扶贫地区开展的扶贫挂职任务之外，还积极协调中国一汽与当地领导进行互访沟通，促进推进扶贫合作等事宜。

在资金保障方面，自 2002 年来，中国一汽累计投入 16 亿元扶贫帮扶资金，在对口帮扶及对口支援地区开展了基建扶贫、教育扶贫、健康扶贫、产业扶贫、消费扶贫五大领域的扶贫工作。

- **精准施策**

结合受援地区脱贫攻坚的实际情况，中国一汽注重扶贫模式创新，坚持“两不愁三保障”标准，落实“六个精准”，以“基建扶贫、教育扶贫、健康扶贫、产业扶贫、消费扶贫+红旗扶贫梦想基金”为抓手，聚焦精准、因村因户因人施策，确保脱贫攻坚扶到点上、扶到根上，积极打好中国一汽精准扶贫“组合拳”。

在完成国家扶贫任务之外，中国一汽联合中国扶贫开发协会、中国扶贫基金会、中国少年儿童文化艺术基金会共同发起“高举红旗，精准扶贫，走好新时代长征路”项目，计划从 2018 年至 2020 年三年间共投入 1.5 亿元人民币，在红军长征沿线的 105 个国家级贫困县，开展“红旗梦想”系列教育帮扶项目，帮助贫困学子顺利完成高中学业，提升当地学校教学水平，积极促进红军长征沿线贫困地区教育事业的发展。

- **筑牢底盘**

中国一汽以实地调研、制定规划、项目实施、考核评价为具体项目实施路径，重点在基建扶贫、教育扶贫、健康扶贫、产业扶贫、消费扶贫五大领域实施了近 400 个帮扶项目，筑牢贫困地区的发展“底盘”。

在产业扶贫领域，中国一汽以扶持产业项目作为对口帮扶地区扶贫的动力“引擎”，根据当地实际情况，与当地政府一道共同发展特色产业扶贫项目。例如，2017 年，以专业合作社为载体，中国一汽为广西凤山县 5 个贫困村投入 500 万元帮扶资金，并与凤山县一同整合资金 7300 万元，大力发展核桃鸡林下养殖。该项目采取“党员能人+基地+贫困户+合作社+公司”的养殖模式，每个贫困户以 5 万元扶贫贷款为股本加入合作社，按照入股比例分红，促进贫困群众增收致富。坡心村已成立 7 个养殖合作社，实现 152 户贫困户全覆盖，每年可实现村集体收益 8 万元，为贫困户脱贫致富奠定了坚实基础。

- **提质增速**

在通过基建扶贫、教育扶贫、健康扶贫、产业扶贫、消费扶贫五大领域帮扶项目实施筑牢贫困地区发展的“底盘”之后，中国一汽再次以制度、人才、资金为三重保障，将精准扶贫工作融入战略、融入决策、融入运营，为贫困地区的提质增速保驾护航，让贫困地区的群众“住有所居、学有所教、病有所医、劳有所得、产有所销”，在奔小康的路上越走越顺、越走越稳，进而使得当地百姓、当地政府、合作伙伴、中国一汽、参与员工等多个利益相关方共同受益，实现“人·车·社会和谐发展”。

（五）核心领域

在精准扶贫的实践过程中，中国一汽发挥汽车行业企业特点，秉持“人·车·社会和谐发展”的社会责任理念，按照“五位一体扶贫 +”精准扶贫模式，坚决落实精准脱贫基本方略，重点推进基建扶贫、教育扶贫、健康扶贫、产业扶贫、消费扶贫五大领域，助力贫困地区的居民开启“住有所居、学有所教、病有所医、劳有所得、产有所销”的美好生活篇章。

中国一汽坚持“精准滴灌”，找准“穷根”、明确靶向、量身定做、对症下药，盘活当地特色资源，因地制宜解决实际问题，真正做到扶贫扶到点上、扶到根上。针对贫困地区“两不愁三保障”问题，中国一汽通过基建扶贫行动改善贫困地区生产生活条件；通过教育扶贫行动让贫困家庭的孩子都有机会接受公平有质量的教育，阻断贫困代际传递；通过健康扶贫行动让贫困人口能够看得上病、方便看病、看得起病、看得好病、防得住病。为了更好地推动脱贫攻坚与乡村振兴有机结合、相互促进，中国一汽通过产业扶贫行动激发贫困地区的内生动力，推动扶贫产业专业化、规模化发展；通过消费扶贫赋予贫困地区更切实的帮扶，持续助力贫困地区农民增收致富。

- **住有所居：基建扶贫，建设美丽乡村**

“安民之道，在于察其疾苦”。解决贫困地区的公共服务、基础设施等民生保障问题，改善贫困群众的衣食住行条件，是百姓所急所需，也是中国一汽基建扶贫的发力方向。中国一汽从最急需的民生问题入手，通过援建“一汽小镇”，开展易地扶贫搬迁、整村推进示范点等项目，回应民生所求，补齐民生短板，为贫困群众织就基本生活保障网，最终实现“产业兴旺、生态宜居、乡风文明、治理有效、生活富裕”的乡村振兴战略总要求。

“选择一个镇、一个村，集中投入资金，由中国一汽派出挂职干部指导监督，围绕示范点建设、基础设施建设、产业扶持、助学、助残、医疗卫生等方面开展全方位、多层面的帮扶工作”——这就是中国一汽援建“一汽小镇”的初衷。用涵盖困难群众生活方方面面的帮扶措施，朝着短期和长期发展目标步步努力，助力当地经济持续向好发展，中国一汽的步伐从未停歇。

“一汽小镇”项目先后在吉林镇赉县、吉林和龙市、广西凤山县开展项目建设。截至 2019 年 10 月，在基建扶贫领域，中国一汽累计投入 1.7 亿元，援建了 11 个“一汽小镇”，惠及贫困地区居民 80000 余人。实践证明，“一汽小镇”项目不但切实改善了贫困村屯的居住环境和生活条件，还极大地提升了当地村民的文明素质。这些“一汽小镇”如同中国一汽在这些贫困地区播撒下的种子，渐渐在脱贫攻坚的岁月里生根发芽，成为深度贫困地区的幸福和希望。

● **学有所教：教育扶贫，实现学子梦想**

“扶贫先扶智”决定了教育扶贫的基础性地位，“治贫先治愚”决定了教育扶贫的先导性功能，“脱贫防返贫”决定了教育扶贫的根本性作用。在开展脱贫攻坚过程中，中国一汽高度重视教育扶贫，积极创新帮扶举措，通过创立教育扶贫专项资金、开展特色教育扶贫项目、推行素质教育等方式，在为贫困学子的教育成长保驾护航的同时，为对口帮扶地区脱贫攻坚及今后的发展培养一批未来的“好司机”。

2017 年 9 月，中国一汽董事长、党委书记徐留平宣布设立“红旗扶贫梦想基金”，并联合中国扶贫开发协会、中国扶贫基金会、中国少年儿童文化艺术基金会共同发起了“高举红旗，精准扶贫，走好新时代长征路”项目，计划从 2018 年至 2020 年三年间共投入 1.5 亿元人民币，在红军长征沿线 105 个国家级贫困县，建设 15 所“红旗梦想智慧学校”，帮助 10500 名贫困学子顺利完成高中学业，培训 1500 名艺术类教师，提升当地学校教学水平，积极促进红军长征沿线贫困地区教育事业的发展。

截至 2019 年 10 月，中国一汽已向该项目投入 8334 万元，已建成 6 所“红旗梦想智慧学校”；开设了 140 个“红旗梦想自强班”，帮扶 7000 名建档立卡贫困家庭高中生；培训了 800 多名基层艺术类教师，超过 13 万名乡村中小学生从中受益。

此外，中国一汽还在吉林镇赉县、西藏左贡县、广西凤山县等对口帮扶地区开展“共青团·我的大学”“一汽希望小学”“中国一汽蓝途公益计划”等形式多样的教育扶贫活动，帮助更多贫困山村的孩子走出大山、开阔视野，增长知识、提升能力，最终真正摆脱贫困。

● **病有所医：健康扶贫，带来温暖希望**

“没有全民健康，就没有全面小康。”实施精准健康扶贫，有利于保障贫困人口享有基本医疗卫生服务，进一步防止“因病致贫、因病返贫”。中国一汽积极响应“健康中国”的建设号召，着力解决对口帮扶贫困地区的医疗难题，提高帮扶地区贫困人口医疗保障受益水平，努力实现让贫困群众“病有所医”的承诺。

自 2015 年起，中国一汽在对口帮扶的吉林镇赉县、吉林和龙市、广西凤山县 3 个县先后设立“救急难”专项医疗救助资金，旨在帮助特困家庭主要劳动力大病就医、学生继续求学、残疾人康复出行，有效缓解了城乡特困群众就医难等问题。在“三区三州”深度贫困地区西藏左贡县、芒康县开展帮扶过程中，中国一汽为当地捐赠医疗设备、派出专家医疗队伍、加强当地人才技能培训，填补了当地医疗空白。截至 2019 年 10 月，在健康扶贫领域，中国一汽累计投入 1940 多万元医疗帮扶资金，惠及 8000 多名贫困群众。

● **劳有所得：产业扶贫，促进地区繁荣**

要实现稳增收、不返贫，关键靠产业支撑。中国一汽在“输血”的同时，更加注重培育贫困地区的自我“造血”功能，通过资金、资源双向支持的产业帮扶，优选特色产业扶贫项目，量身定制发展之策，助力贫困地区打开思路、激发当地脱贫内生动力，因地制宜地为他们铺就稳定脱贫、长效脱贫的致富之路。

中国一汽把扶贫开发与现代农业、养殖业、旅游业等发展结合起来，针对贫困地区气候、地形等特点，采用“精准滴灌”的方式，加快发展对贫困户增收带动作用明显的种养殖业，带动帮扶地区贫困群众成立农村合作社，发展林下核桃鸡养殖、雪山种貂养殖等项目，积极培育和推广有市场、有品牌、有效益的特色产品，激发贫困群众产业发展积极性，真正实现由“输血”向“造血”转变，加快贫困群众脱贫致富步伐。

截至 2019 年 10 月，在产业扶贫领域，中国一汽累计投入 9314 万元，扶贫特色产业项目达 300 多个。例如，吉林镇赉县的肉牛养殖产业扶贫基地建设项目、建平乡平保村温室大棚项目等；吉林和龙市的南坪镇柳洞村一汽主题小镇建设、高岭村养貂项目等；广西凤山县的林下核桃鸡养殖项目、文里村 100 亩中草药产业示范基地、三门海镇坡心村生态农业富硒稻种植等；西藏左贡县的物流中心建设等。

- **产有所销：消费扶贫，架起增收桥梁**

消费扶贫已成脱贫攻坚的重要抓手，有利于动员社会各界扩大贫困地区产品和服务消费，是贫困地区发展优质产业、实现稳定脱贫的重要保障。中国一汽不断探索精准扶贫新思路，在激发帮扶地区内生动力的同时，在线上线下搭建产销对接渠道，推广“以购代捐”扶贫模式，激发贫困群众依托自身努力实现脱贫致富的积极性，加快了对口帮扶贫困地区实现全面小康的步伐。

中国一汽致力于以自由交流、新颖的合作赋予贫困地区更切实的帮扶：连续两年举办中国一汽对口帮扶县（市）推介会，让各个地区独特的旅游资源、农产品资源、文化风俗资源在更大的平台上展现；组织开展贫困地区农产品定向直销活动，打造“中国一汽扶贫馆”线上馆、线下馆，帮助贫困地区销售、推广特色农产品，持续助力贫困地区农民增收致富。截至 2019 年 10 月，中国一汽累计带动农产品销售 760 多万元。

四、中国一汽精准扶贫工作展望

中央把对口支援和定点帮扶任务交给中国一汽，是对中国一汽的高度信任，是中国一汽的光荣使命，也是中国一汽义不容辞的政治责任。肩负脱贫攻坚的历史重任，18 年来，中国一汽秉持“人·车·社会和谐发展”的社会责任理念，以“学习、创新、抗争、自强”为企业精神，创新帮扶模式，积极开展对口帮扶及定点扶贫工作，书写了“住有所居、学有所教、病有所医、劳有所得、产有所销”的美好生活篇章。

18 年的扶贫征程，变的是与时俱进、推陈出新的帮扶机制及不断丰厚的脱贫成效，不变的是朝着共同富裕目标奋进的情怀。在全面小康社会建成之际，在扶贫攻坚战决胜的关键时期，中国一汽将继续学习领会党的十九大精神，以习近平新时代中国特色社会主义思想为指导，不断增强责任感、使命感和紧迫感，秉承可持续发展理念，践行央企的政治责任、经济责任和社会责任，积极总结扶贫经验成效，查找不足，勇担责、尽全力，不负期望、不辱使命，不断凝聚起脱贫攻坚、全面建设小康社会的磅礴之力。

中国宝武“管到位”精准扶贫模式

西藏仲巴县“神山驿站”旅游项目揭幕仪式

中国宝武第一书记在田间地头走访调研

广西上林县大丰镇云蒙村第一个家庭工厂——林达箱包厂

学校正在上课的小学生

贫困地区的孩子

中国宝武钢铁集团有限公司（以下简称中国宝武）加强扶贫顶层设计，探索扶贫路径，构建目标明确、体系完善、监督有力、保障有效的扶贫工作体系，形成了与贫困地区共同寻找机会、共享发展成果，携手合作伙伴共建扶贫生态圈的精准扶贫格局。

一、中国宝武精准扶贫工作概述

中国宝武按照习近平总书记提出的“承担定点扶贫任务的中央企业，要把帮扶作为政治责任，不能有丝毫含糊”的要求，把脱贫攻坚当作一把手工程加以落实，作为一项重大政治任务来抓，作为履行企业社会责任一项重要举措来抓，建立公司党委负责的脱贫攻坚主体责任制。中国宝武牢记政治责任和社会担当，举全公司之力发起“中国宝武式”扶贫，做到“站位高、态度好、力度大”，做到“有情、有钱、有为”，全面助力打好脱贫攻坚战。

中国宝武定点扶贫和对口支援全国 10 个贫困县，是帮扶县最多的中央企业之一，而且是在中国最难、最广、最深、贫困程度最高、扶贫成本最高的脱贫攻坚主战场上战斗着。2002—2019 年，中国宝武共投入扶贫资金 8.5473 亿元，实施扶贫项目 818 个，派出扶贫挂职干部 66 人，带动直接受益群众超过 62.08 万人。

中国宝武不断提炼总结扶贫工作的经验和方法，形成了以“基础设施建设为主导、以整村扶贫为示范、以科教扶贫为突破、以产业项目为推动”的精准扶贫工作路径，以及“领导重视、体系完善、制度健全、工作到位、沟通有力、评价及时”的扶贫工作机制，创新“541”项目管理法，构建“五位一体”监督检查体系，努力履行好脱贫攻坚责任，做到精准扶贫“管到位”。

二、中国宝武精准扶贫模式构成

（一）模式示意图

中国宝武深入分析贫困群众的脱贫实际需求，找准发力点，因地制宜开展精准帮扶。坚持造血式扶贫和输血式扶贫相结合，将扶贫与扶志、扶智相结合，创新开展各类项目，多方争取社会资源，在为贫困地区带来资金、项目、人才和技术的同时，也带来新的思想和理念，凝聚成脱贫攻坚的强大合力，确保小康路上不落下一个人。

通过对中国宝武精准扶贫管理与实践工作的深入分析，提炼总结中国宝武长期以来的扶贫理念、扶贫目标、扶贫领域、实施路径等，形成如图所示的中国宝武“管到位”精准扶贫模式。

中国宝武“管到位”精准扶贫模式以钢管为造型原型，体现了中国宝武钢铁行业属性，同时钢的韧性表明了中国宝武助力脱贫攻坚有着钢铁般的决心和信念，同时管的形状象征着中国宝武与贫困地区共同发展、共享成果的美好愿景。

（二）主体模块的构成

中国宝武“管到位”精准扶贫模式主要包括三个方面的内容，分别是扶贫目标和愿景模块、扶贫管理和监督模块、扶贫实践模块。

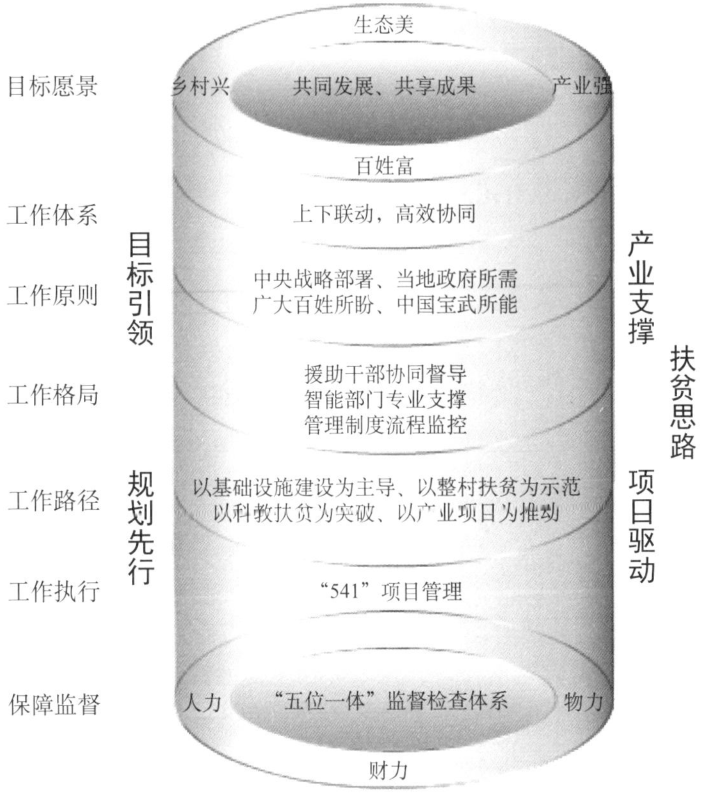

中国宝武“管到位”精准扶贫模式

扶贫目标和愿景模块位于钢管的顶端，即实现中国宝武与贫困地区共同发展、共享成果的美好愿景。中国宝武以“中央战略部署、当地政府所需、广大百姓所盼、中国宝武所能”为工作原则，以助力定点扶贫地区实现“生态美、产业强、百姓富、乡村兴”为工作目标，在工作原则和目标的指引下，将扶贫工作做到体系完善、制度健全、布置到位、协调有力、评价及时。

扶贫管理和监督模块位于钢管的底端，是保障扶贫目标和愿景能够实现的基本条件。为了保障扶贫项目精准实施，按照“541”原则实施项目管理和资金管理，一方面有利于项目的精准管理，提升项目成效；另一方面有利于强化资金管理，把钱花在刀刃上，以求取得实实在在的脱贫成效。

扶贫实践模块位于钢管的管壁中间段，是连接扶贫管理与扶贫目标的重要渠道。中国宝武以改善贫困群众基本生活条件为切入点，以项目建设为突破口，形成以基础设施建设为主导、以整村扶贫为示范、以科教扶贫为突破、以产业项目为推动的扶贫工作路径，力求改善贫困地区群众生产生活条件，增强当地的经济综合发展能力，实现可持续脱贫。

（三）功能模块的构成

中国宝武“管到位”精准扶贫模式的功能模块主要包括公司推进扶贫工作的组织动力、实施路径、方法和工具等。中国宝武以“中央战略部署、当地政府所需、广大百姓所盼、中国宝武所能”为工作原则，在公司内部建立了集团扶贫办统一指挥、宝钢股份和武钢集团合力攻坚和外派扶贫挂职干部一线作战的三级管理网络脱贫攻坚责任体系，是保障脱贫攻坚工作取得实效的有力保障。

（四）模块之间的关系

主体模块和功能模块共同构成中国宝武“管到位”精准扶贫模式。主体模块体现的是中国宝武推进扶贫工作的基本逻辑、核心内容、覆盖范围和影响对象；功能模块体现的是中国宝武推进扶贫工作的组织体系和具体路径。在具体的脱贫攻坚实践工作中，主体模块和功能模块互为补充、相得益彰，在扶贫工作经验不断积累的基础上，主体模块和功能模块也会随之发生变化，以更好地指导和服务于中国宝武扶贫工作的开展。

三、中国宝武精准扶贫模式内涵解读

中国宝武“管到位”精准扶贫模式形象传达了企业精准扶贫的工作思路，“钢管”的顶端、底端和中间段作为模式的主体模块，是中国宝武推进精准扶贫工作的行动路径；对于三个主体模块而言，功能模块主要起到了衔接的作用，是中国宝武扶贫工作实施的操作指南。“精准扶贫管”上一环一环紧密衔接的扶贫推进模式是中国宝武扶贫工作顺利开展的前提条件，也是扶贫工作能够“管到位”的有力保障。

（一）目标愿景

中国宝武致力于打造与贫困地区共同寻找机会、共享发展成果，携手合作伙伴共建扶贫生态圈的精准扶贫模式，也是中国宝武构建扶贫工作组织体系和制定扶贫工作策略的重要依据。中国宝武始终把脱贫攻坚作为一项重大政治任务来抓，作为一把手工程来推进。为确保2020年助力扶贫县脱贫攻坚目标实现，中国宝武进一步提高政治站位和思想认识，与公司党委主体工作紧密结合，站位高、态度好、力度大，全力以赴做到出钱、出力、用情，助力对口扶贫地区实现“生态美、产业强、百姓富、乡村兴”的愿景目标。扶贫也是一种共同发展，以发展带减贫，以减贫促发展。扶贫是阶段性工作，而发展是长期工作。中国宝武有志于新产业发展，有志于新材料和原材料的有机结合，坚持扶贫工作与中国宝武新产业共同发展的理念，在扶贫中共同寻找发展机会，共享发展成果。

（二）扶贫思路

中国宝武自开展扶贫工作以来，根据当地经济社会发展需求，紧扣老百姓的期望，以“目标引领、规划先行、产业支撑、项目驱动”的思路开展扶贫工作。中国宝武建立了高效严密的组织保障体系，研究制定了切实可行的扶贫工作目标和规划，统筹开展扶贫工作。在扶贫工作开展的过程中，把产业扶贫作为根本之策，通过培育致富带头人和产业示范项目，提升贫困地区的自我发展能力，实现对口帮扶地区的稳定脱贫。

（三）工作原则

中国宝武制定发布《中国宝武助力对口帮扶地区打赢扶贫攻坚2018年—2020年三年行动计划》，确定了扶贫工作的指导思想，即坚持“中央战略部署、当地政府所需、广大百姓所盼、中国宝武所能”的扶贫工作原则，把扶贫攻坚作为一项重大政治任务来抓，作为企业履行社会责任的重要组成部分来抓，作为培养锻造优秀干部的重要举措来抓。在扶贫工作原则指引下，中国宝武聚焦深度贫困地区和特殊贫困群体，尽锐出战、全力以赴，以高度的政治责任感统筹谋划推进各项工作，切实加强脱贫攻坚组织保障，把作风建设贯穿于脱贫攻坚全过程，注重营造良好舆论氛围，确保对口地区到2020年现行标准下农村贫困人口实现脱贫、贫困县全部摘帽，同全国人民一道进入全面小康社会。

（四）组织保障

中国宝武为保障精准扶贫工作精准落实，从扶贫理念、组织建设、制度建设、人才保障、监督评价、信息披露等维度，完善精准扶贫管理机制、方法，保障精准扶贫实践系统化、制度化、规范化推进。

中国宝武建立党委负责的脱贫攻坚责任制，加强对定点扶贫和对口支援工作的领导，明确责任、制度、工作、监督和考核体系，形成领导小组办公室统一协调，援助干部协同督导，职能部门专业支撑，管理制度流程监控的精准扶贫工作格局，是打赢脱贫攻坚战的有力保障。

1. 建立一把手挂帅、统一领导的指挥体系

中国宝武党委书记、董事长亲自挂帅担任扶贫工作领导小组组长，集团总经理、党委副书记、工会主席任副组长，亲自部署扶贫工作。主要负责部署扶贫工作总体思路、重大举措和工作规划；研究审定年度扶贫工作计划；检查督促扶贫工作落实和项目实施情况；统筹协调内外部资源，为扶贫工作提供支持。

2. 建立各负其责、各司其职的责任体系

中国宝武制定实施《中国宝武定点扶贫工作管理办法》，明确脱贫攻坚工作责任体系和工作流程，建立集团扶贫办总体协调、宝钢股份和武钢集团具体负责和外派扶贫挂职干部具体实施的三级管理网络脱贫攻坚责任体系。各司其职、各负其责、互相协作，保证集团扶贫工作精准、高效、有序、协调开展。

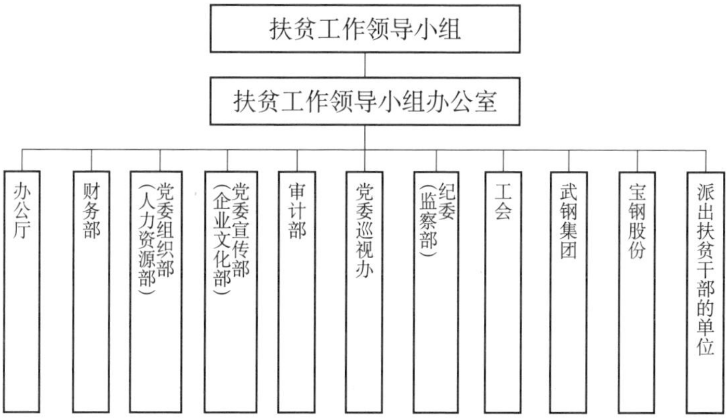

中国宝武扶贫组织体系

3. 打造一支工作能力强、群众喜欢的脱贫攻坚队伍

中国宝武加强扶贫干部管理，加大扶贫干部培养，加强对扶贫干部的关心关爱，努力打造一支工作能力强、工作热情高、领导信任、群众喜欢的脱贫攻坚队伍。中国宝武制定印发《中国宝武挂职扶贫干部援派干部管理办法》《中国宝武挂职扶贫干部选派及日常管理手册》，加强扶贫干部的遴选与职责确定。同时建立扶贫干部服务机制，派出单位充分发挥“后援团”作用，指定专人定期走访慰问扶贫援派干部家属，为扶贫干部提供力所能及的帮助和支持。

4. 建立健全、不断完善扶贫制度和规划体系

为保障精准扶贫工作效果，中国宝武制定《中国宝武助力对口帮扶地区打赢扶贫攻坚2018年—2020年三年行动计划》，精准实施基础设施建设、产业扶贫、教育培训扶贫、金融扶贫四大行动。制定和实施《中国宝武定点扶贫工作管理办法》《扶贫工作项目资金管理办法》和《中国宝武定点扶贫保障措施分解表》，压紧压实工作责任，系统推进扶贫工作。制定

《公司领导赴定点扶贫、对口支援地区考察调研方案》，确保公司领导班子到定点扶贫县调研考察，实行全覆盖。

5. 建立多渠道、全方位、最严格的监督检查体系

统一部署、上下联动，成立中国宝武扶贫领域作风问题专项治理工作组，实行作风问题的专项治理，把作风建设贯穿于脱贫攻坚全过程。通过建立主要领导现场督查、纪委监察实地督查、项目审计专项督查、扶贫办督办检查和扶贫干部一线项目检查“五位一体”的监督检查体系，推进脱贫攻坚过程中各类监督检查发现问题的有效整改和定点扶贫县国家扶贫政策的落实。

6. 构建项目管理“541”的精准管理模式

为保证脱贫攻坚项目的精准实施，中国宝武突出项目精准管理，提升项目成效。对每年的扶贫项目实行“541”项目管理，即整村扶贫项目50%，产业扶贫项目40%，教育扶贫项目10%；同时强化资金精准管理，把钱花在刀刃上。对扶贫项目资金实行“541”资金管理，项目启动时拨付50%的资金，项目完成一半时拨付40%，项目竣工验收后最后拨付10%的款项，有利于项目过程管理和项目实效检验。通过“541”管理，把扶贫资金落到实实在在的一个个项目上，务求取得实实在在的成效。

7. 建立起扶贫工作宣传推广工作体系

中国宝武制定《关于加强扶贫工作宣传的策划方案》，系统开展扶贫宣传推广工作，加强与社会各界的交流沟通，引导社会各方力量共同参与脱贫攻坚。中国宝武通过中新社、新华社等外部媒体，中国宝武资讯平台、《中国宝武报》等内部平台，披露中国宝武参与脱贫攻坚的主要工作、脱贫成效、扶贫干部的作为、地方政府的声音等，倾听各方对中国宝武扶

贫工作的意见建议，以更好地改进扶贫工作，提升扶贫成效。

（五）工作路径

中国宝武重点围绕稳定实现“两不愁三保障”，着力抓重点、补短板、强弱项，以改善贫困群众基本生活条件为切入点，以项目建设为突破口，形成以基础设施建设为主导、以整村扶贫为示范、以科教扶贫为突破、以产业项目为推动的扶贫工作推进路径。以帮助贫困地区发展特色产业、培育致富带头人、推进整村扶贫工作、开展“中国宝武幸福工程”等举措，改善当地群众生产生活条件，解决贫困地区和群众最急需、最迫切的实际问题，以此确保如期完成全面脱贫攻坚任务。

1. 以基础设施为主导

贫困地区基础设施落后，难以满足当地人民日常生产和生活各方面的需要，是制约当地经济发展的重要因素，也是贫困地区精准扶贫脱贫攻坚的一个短板。中国宝武按照贫困村摘帽标准开展建档立卡贫困村基础设施建设项目，在西藏、青海打造了一批当地急需的路、桥、村、学校、养老院、卫生院、安居工程、行政服务设施、居民活动广场等基础设施项目，切实改善当地群众的生产生活条件，增强县域经济综合发展能力和发展后劲。

2. 以整村扶贫为示范

为改善贫困村村民生产、生活和出行条件，中国宝武注重整村推进。中国宝武借鉴闽宁示范村等模式，围绕建设美丽乡村目标，建设村组道路、文化室和广场等活动设施、饮水工程和太阳能路灯等公共服务设施、猪牛羊圈等生产基础设施，突出民族文化元素，加强基层党的建设，改善群众生产生活条件和精神面貌；通过推进建档立卡贫困户危旧房改造，解决特殊贫困群体基本安全住房问题，确保达到贫困村退出条件。2016 年 7 月，中国宝武武钢集团在湖北罗田县遭受百年不遇洪灾后，向罗田县捐赠 1000 万元，帮助罗田县在胜利镇建成了全县最大的易地扶贫安置点——武钢新村。2018 年 1 月，胜利镇 1075 名贫困户已搬迁入住，圆了老区群众安居梦。为实现“搬得出、稳得住、能致富”，武钢新村在规划、设计过程中，特意预留产业配套场地，先后引入超市、农家乐等配套项目，建设了老米酒厂，吸引了一家颇具规模的制衣厂，安置武钢新村贫困群众就业。2019 年，中国宝武在 2018 年的基础上实施倍增计划，批准投入罗田县定点扶贫资金总额为 600 万元，继续加大扶贫力度。

3. 以科教扶贫为突破

科教扶贫是激发贫困群众内生动力、培养稳定脱贫能力的根本之策。中国宝武每年安排一定比例的教育扶贫项目，为贫困家庭学生提供资助，开展贫困村中小学操场、厕所、食堂等基础设施改造，向贫困学生们赠送学习资料、生活和体育用品等，让地处贫困地区的孩子也能享受优质的教育环境，享受教育的快乐。为西藏仲巴县建设空中课堂“互联网 + 教育”，安装使用 3 个多媒体远程教育教室，投入 400 台电脑、28 台最先进的触摸一体机。中国宝武以培育企业现代化经营管理理念、领导力提升为主题，举办对口地区各级管理人员研修班；结合对口地区特色产业发展规划和技能人才需求，以建档立卡贫困户为重点，实施技能人才培训项目。助推对口地区打造复合型、职业化、高技能、适应市场竞争需要的管理和技能人才队伍。中国宝武在仲巴县进行建档立卡贫困户技能培训班，送教到仲巴厨师班培训项目，每人培训总时间达到 300 课时。该项目同时引导培训学员们到拉萨、日喀则就业。

4. 以产业项目为推动

中国宝武注重倾斜产业扶贫，将产业扶贫作为助推贫困群众增收致富的重要抓手，与广大贫困村民增收有机结合，重点放在能够促进增收的种养业项目上，支持当地特色产业发展。中国宝武建立长期可持续发展的产业帮扶机制，一方面突出规划引领，立足当地资源条件，找准比较优势，指导对口县因地制宜发展特色产业；另一方面以“企业＋村集体经济＋农户”的运作模式发展产业，培育致富带头人和产业扶贫示范项目，让产业发展效益真正落到贫困户身上，让他们有持续稳定的收入来源，有实实在在的获得感。中国宝武积极引导贫困户发展农业产业项目，扶持一批县、乡镇、村，发展农村的融合发展先导区、示范区，培育融入新型农业主体；发展产业支撑融合，鼓励发展种养、加工流通、休闲旅游、电子商务、健康养老、养生等产业，构建乡村产业体系；完善机制、带动融合，引导企业和农户通过订单农业、入股分红，来完善利益联结机制，创新产业扶贫模式，保障贫困村民增收。对于产业效益好、带动贫困户力度大的产业扶贫示范项目，在扶贫资金项目安排上予以倾斜和重点支持，帮助其继续做大做强。

中国宝武不断创新产业扶贫模式，在云南江城县建立新型农业经营主体带动贫困户增收；在云南宁洱县深入推进区域特色农业产业和探索休闲农业产业；在云南镇沅县松子地进行农产品产地初加工；在云南广南县开展以销售农特产品为主的农村电商扶贫，推进农村电商平台建设；在广西上林县芳樟产业园建立农业产业扶贫示范基地。2019 年中国宝武第六批援藏在帕羊镇投资 2000 万元，既拉动外需又促进内需，在促进旅游资源开发的同时，拉动当地人民的自我消费，促进当地人民就业水平与能力的提高，促进当地造血功能的提升，促进产业化援藏发展。

（六）核心领域

中国宝武注重精准施策，因地制宜确定帮扶重点方向，整合各类资源，采取有力举措，更加集中地支持，更加精细地工作，统筹推进产业扶贫、民生扶贫、教育扶贫、消费扶贫和党建扶贫，以“组合拳”助力全面建成小康社会，聚力打赢打好脱贫攻坚战。

1. 产业扶贫

产业扶贫是指以市场为导向，以经济效益为中心，以产业发展为杠杆的扶贫开发过程，是促进贫困地区发展、增加贫困农户收入的有效途径，是扶贫开发的战略重点和主要任务。

中国宝武以做强产业扶贫、培育龙头企业的永生动力为根本，增强扶贫地区造血能力。一是把产业扶贫放到突出位置。公司党委书记、董事长陈德荣强调要实现从过去捐赠式扶贫向产业扶贫的根本转变，提高脱贫攻坚的档次、能力和效果。中国宝武突出产业扶贫，把产业扶贫项目的投入由原来的 20% 提到 40%。二是培育龙头企业。2018 年，中国宝武帮助定点扶贫六县引进企业 8 家，引进企业实际投资额 4795 万元，扶持定点扶贫县龙头企业 7 家和农村合作社 12 家，带动建档立卡贫困人口脱贫 15764 人。2019 年，在云南宁洱县通过“电商 + 龙头企业 + 合作社 + 贫困户”的运作方式大力发展电子商务，一家龙头企业带动 572 户 2084 人（建档立卡贫困户）实现增收。三是组织先进带动帮扶。组织公司劳模到定点扶贫县疗养并与受援企业对接提升创新能力。

云南省普洱市江城哈尼族彝族自治县地处亚热带，由于本地气温较高，成熟的果实一摘下来就需要马上运到山外去销售，不仅运输成本高，而且缺乏市场议价能力。为解决火龙果保鲜问题，中国宝武投入 84 万元，在宝藏镇良马河村岔河组和老苏寨组火龙果种植区建设冷冻储存库 500 立方米，种植火龙果 160 亩。项目采用"企业 + 基地 + 农户"的模式，依托三泉谷庄园聘用 20 户建档立卡贫困户管理 160 亩种植园，支付给农户管理费至少每年 500 元 / 亩，每户年收入管理费 1.6 万元；企业用工优先聘用建档立卡贫困农户，农民根据工作量日均可收入 100～300 元。此外，在收益分红模式方面，建设采用股权量化固定分红模式，即要求规模化种植企业三泉谷庄园有限公司按扶持资金的 8% 每年固定分红给建档立卡农户，每年可分红 6.72 万元，连续分红 5 年，援助资金杠杆效果进一步放大。整个火龙果种植产业项目的实施，能够至少带动 50 户 200 人以上建档立卡贫困人口脱贫，真正实现了企业与基地、农户共赢。

2. 就业扶贫

中国宝武以做大产业扶贫、培养致富带头人的永驻动力为关键，增强扶贫地区创富能力。一方面培养致富带头人，另一方面组织贫困劳动力就业技能培训，帮助贫困人口实现转移就业。

中国宝武注重培养致富带头人。广西壮族自治区上林县大丰镇云蒙村当地村民游手好闲，没有致富动力，中国宝武就积极寻找致富带头人，帮助村民树立榜样。该村贫困户蒙泽豪 14 岁背井离乡到广东打工多年，有心思回乡创业开办一家箱包厂。他有技术、有上下游资源，正是中国宝武要找的"能人"。中国宝武帮助他筹措资金等，蒙泽豪就在自家门口建厂房，成立了村里第一个家庭工厂——林达箱包厂，解决了 20 多个本村和周边村民的就业问题，并吸引了更多的致富带头人回乡创业，让村里人们看到勤劳致富的希望。

中国宝武建设的西藏邦达自驾游服务中心旅游产业工程项目，援藏干部牵头推进的八宿商砼站等产业项目，经济效益突出，拓展了贫困户增收渠道。武钢集团下属企业积极创新产业援藏新模式，在八宿县和丁青县共计注册 3 家分公司，安置当地农牧民就业增收。

3. 民生扶贫

中国宝武重点在加强当地基础设施建设，直接帮助农村绝对贫困人口改善生产生活条件，发展社会公共事业，改善农村基本医疗、教育条件，建立了经常性的脱贫捐赠机制，改善了扶贫各县农村农民生产生活条件，促进当地老百姓的减贫和脱贫等。

中国宝武下属企业华宝证券与国家开发银行云南省分行签订《战略合作框架协议》，明确双方共同为云南省普洱市江城县的扶贫工作提供金融支持，以及双方在江城县扶贫领域进行包括贫困村基础设施贷款等全方位的战略合作。作为华宝证券与国家开发银行云南省分行合作的重要内容之一，国家开发银行基础设施贷款项目总投资 8.9 亿元，贷款授信 7.14 亿元，贷款项目涉及农村道路、安全饮水、学校治安、环境整治四个方面，致力于改善贫困地区的生活环境，为减贫脱贫创造条件。

4. 教育扶贫

扶贫工作最难的任务是拔除穷根，最大的愿景是改变未来。扶贫必扶智，治贫先治愚。中国宝武坚持从源头治贫，从根处阻贫，向外引进智力输入，对内提高贫困人口素质，以智力扶贫阻断贫困代际传递，防止返贫发生，不仅让困难群众“富口袋”，更让他们“富脑袋”，扶持贫困群众用自己的双手创造看得见的未来。

宝钢股份团委会同宁洱县选取了勐先镇先胜希望小学作为重点，先后投入团费 50.7 万元（含物资折资），建设计算机教室一个，修建学生操场 800 平方米，重建卫生厕所一个，并更换了全部学生课桌椅，使先胜希望小学教育教学条件得到了极大改善；同时选取了宁洱县 126 名品学兼优贫困学生，与宝钢股份宝山基地 51 名员工、87 个党（团）组织建立了“一对一”的结对帮扶关系，共募集 31.2 万元助学款，这种结对关系将一直持续到学生毕业。

宝钢股份、华宝证券等单位向江城县捐赠 82.86 万元：为江城县宝藏中学修建围墙、道路及场地，为学生提供了安全可靠的活动场地；为新寨小学安装节能路灯 10 盏，有效解决了学生夜间活动、安全问题和电费问题；为和平小学和新寨小学瑶族学生解决校服合计 64 套，购买教辅材料 45 套；为曼滩小学捐助冬季衣物 311 套，捐助教师办公用品 30 套，捐赠学生助学资金 10 万元。

5. 消费扶贫

消费扶贫是通过社会各界消费来自贫困地区和贫困人口的产品与服务，帮助贫困人口增收脱贫的一种扶贫方式，是社会力量参与脱贫攻坚的重要途径。大力实施消费扶贫，有利于动员社会各界扩大贫困地区产品和服务消费，调动贫困人口依靠自身努力实现脱贫致富的积极性，促进贫困人口稳定脱贫和贫困地区产业持续发展。

中国宝武通过大力推进对口地区电商平台建设、对接销售渠道等使对口地区农副产品外销渠道迅速扩大，产业升级速度加快。为落实中国宝武加强云南产业帮扶要求，宝钢股份积极筹划在宝武“好生活”平台专区建设“互联网云南馆”，本着“成熟一个上线一个”原则，由宝武“好生活”平台指导和提出上线技术参数要求，由对口各县按标准体系对供应商进行筛选，梳理符合要求的质优价廉产品上线销售，这对提升云南当地产品认知度和品牌形象，扩大销售渠道，对扶贫从“输血”到“造血”具有重要的意义。2019 年，中国宝武直接购买和动员各方力量帮助销售定点扶贫县农产品 6005.1 万元，其中直接购买 1699.3 万元，帮助销售 4305.8 万元。

中国宝武不断扩大扶贫力量规模边界，构建“钢铁扶贫生态圈”，探索创客扶贫模式，呼应创客扶贫需要，创建创客扶贫中心，吸引 200 名创客发起“一棵核桃树的爱”公益活动，认领核桃树 1900 余棵。探索帮助销售扶贫从“单一购销”向“购销 + 培育”模式升级，宝钢股份为普洱在“宝乐汇”提供门店，开设“云普优品”体验专柜，除直接购买和帮助销售外，还帮助当地企业参与电商平台维护运营，培育产业发展能力，截至 2019 年底，“云普优品”直销农特产品 119.8 万元。欧冶云商引领网上扶贫献爱心时尚潮流，通过智慧工会平台“福豆工社”实现销售农特产品近 8 万元。武钢集团和中国农业银行合作共建电商扶贫内购会，购买农特产品 48.29 万元。中国宝武还通过扶贫产品走进员工餐厅、走向慰问一线、助力扶贫主题党日活动和在网上开设扶贫爱心超市等举措，举宝武全公司之力扩大帮扶力量。

6. 党建扶贫

中国宝武以做实党建扶贫、培训村民技能素质的内生动力为基础，增强贫困百姓共同奔富能力。一是党支部结对共建。中国宝武 5 名驻村第一书记所在村党支部、党总支与中国宝武集团工会党支部、宝钢股份工会党支部、武钢集团工会及办公室党支部签订 5 份党支部结对共建协议，并由武钢集团办公室和宝钢股份工会分别与这 5 个贫困村签订 5 份贫困村结对共建协议。二是培训村两委成员和村民各种技能素质。2019 年，中国宝武帮助贫困村培训两委成员 819 人、培训创业致富带头人 198 人、培训村医 50 人。并于所在各村举办针对村民的各种各样农业技能培训，这些村民一般都是建档立卡贫困户，他们通过各种技能培训学到一技之长，可以到当地农村合作社中去就业。

（七）未来展望

中国宝武继续以习近平总书记关于扶贫工作重要论述为指引，担当好央企责任，将“可追溯、留痕迹、见实效”作为中国宝武扶贫工作的主线，确保对口支援的贫困地区和贫困人口与全国人民一道进入全面小康社会，确保到 2020 年我国现行标准下农村贫困人口实现脱贫，贫困县全部摘帽，解决区域性整体贫困。对已进入脱贫整固阶段的定点扶贫县，将持续进行帮扶不放松，确保已脱贫地区不返贫，助力“精准扶贫”与“乡村振兴”有效衔接，帮助对口扶贫地区实现“生态美、产业强、百姓富、乡村兴”的目标，带动贫困地区群众迈向更加美好的幸福生活。

四、中国宝武精准扶贫经验启示

中国宝武“精准扶贫管”上一环一环紧密衔接的扶贫推进模式是中国宝武助力脱贫攻坚的法宝，也为其他企业更好推进脱贫工作提供了经验和借鉴。

（一）自上而下系统推进，提高扶贫效率和减贫成效

中国宝武在扶贫管理与实践中，不仅对贫困地区提供资金支持，而且把扶贫工作实实在在地落到企业管理工作中，不断加强对扶贫工作的统一协调、追踪指导。中国宝武成立专门的扶贫领导小组办公室，把工会作为公司扶贫办工作的常设机构。公司扶贫办根据公司党委要求，有组织、有计划、大力度地助力对口地区脱贫攻坚行动，制定三年行动规划方案，策划年度扶贫计划，加强扶贫工作的统一协调，高效、科学、高质量推进扶贫事业的发展，提升扶贫效果。

（二）做强产业扶贫、培育龙头企业，实现贫困地区持续增收

中国宝武把产业扶贫放到突出位置，注重实现从过去捐赠式扶贫向产业扶贫的根本转变，提高脱贫攻坚的档次、能力和效果，产业扶贫项目的投入由原来的20%提到40%。在此过程中重视培育龙头企业，引领、示范、带动贫困户发展产业脱贫。

（三）激发更多力量参与扶贫，打通产业扶贫的“最后一公里”

中国宝武大力推进对口地区电商平台建设、对接销售渠道等，使对口地区农副产品外销渠道迅速扩大，产业升级速度加快，解决产业扶贫“最后一公里”的难题。构建“钢铁扶贫生态圈”，动员中国宝武全体系及更多社会消费力量购买来自贫困地区和贫困人口的产品与服务，扩大销售渠道，同时调动了贫困人口依靠自身努力实现脱贫致富的积极性。

华润集团“双拳组合”精准扶贫模式

宁夏海原县草畜一体化肉牛养殖基地育肥场

宁夏海原县草畜一体化肉牛养殖基地基础母牛

宁夏海原县农户选牛现场

夜色中的安徽金寨华润希望小镇

窑洞风格的二层小洋房将陕西延安华润希望小镇村民带入窑洞 2.0 时代

河北西柏坡华润希望小镇蛋鸡养殖基地

江西井冈山华润希望小镇米兰花酒店

广西百色华润希望小镇社区党支部第一届全体成员

广西百色华润希望小镇村民认真学习小镇公约

一、华润集团精准扶贫工作概述

党的十八大以来，以习近平同志为核心的党中央把脱贫攻坚作为全面建成小康社会的底线任务和标志性指标。作为传承着红色基因的中央企业，华润（集团）有限公司（以下简称华润集团或华润）深入学习贯彻习近平总书记关于扶贫的系列重要思想，按照中央和国资委关于打赢脱贫攻坚战的决策部署，持续加大力度，充分发挥华润多元化经营的资源和产业优势，打出了一套在扶贫领域的“组合拳”，包括落实“规定动作”，开展定点扶贫工作；推进“自选动作”，创建华润希望小镇，形成“双拳组合”精准扶贫模式。

在开展定点扶贫工作方面，华润聚焦产业帮扶、人才培养、民生等领域扎实推进江西广昌县和宁夏海原县的定点扶贫工作。广昌县和海原县分别于 2018 年 7 月和 2020 年 3 月“脱贫摘帽”。在海原县，华润创新实施草畜一体化肉牛养殖项目，打造“基础母牛银行”，为助力海原打赢脱贫攻坚战贡献华润智慧。在创建希望小镇方面，华润围绕环境改造、产业帮扶、组织重构和精神重塑四个方面，自 2008 年以来在全国捐建了 12 座华润希望小镇。华润希望小镇项目直接受惠农户超过 1 万人，辐射带动希望小镇周边 10 万余人脱贫致富奔小康。

华润在推进扶贫事业的过程中，不断探索扶贫开发的新思想、新方法、新路径，瞄准突出问题和薄弱环节，真扶贫、扶真贫、真脱贫，以高度的责任感、使命感、紧迫感，坚决打赢脱贫攻坚战，切实履行了央企责任，为央企开展扶贫工作提供了可借鉴的华润经验。

二、华润集团精准扶贫模式解读

华润集团“双拳组合”精准扶贫模式，指的是华润充分发挥多元化经营的资源产业优势，积极响应国家精准扶贫战略和乡村振兴战略，打出了一套包括“规定动作”和“自选动作”的扶贫组合拳。“规定动作”指华润牢记使命，积极承担国家下达的定点扶贫任务，在江西广昌县和宁夏海原县开展定点扶贫工作；“自选动作”指华润不忘初心，主动履行社会责任，在全国的革命老区创建华润希望小镇。模式由主体模块和功能模块构成，主体模块包括核心理念、基本目标、行动依据、扶贫践行四个子模块，功能模块包括扶贫管理和组织动力两个子模块。

（一）主体模块的构成

华润集团“双拳组合”精准扶贫模式的主体模块包括核心理念、基本目标、行动依据和扶贫践行四个子模块。

核心理念子模块是华润开展扶贫工作的行动方针。“引领商业进步，共创美好生活”是华润的初心和使命。华润在各个历史时期都义无反顾地肩负起历史所赋予的使命，奋进在时代前列，围绕国家战略，积极站位。当前，打赢脱贫攻坚战、实现乡村振兴是全面建成小康社会的重要国家战略，是解决发展不平衡、不充分问题的一个重要举措。华润始终不忘初心，将打赢脱贫攻坚战、实现乡村振兴作为新时代义不容辞的责任，践行“引领商业进步，共创美好生活”的企业使命。

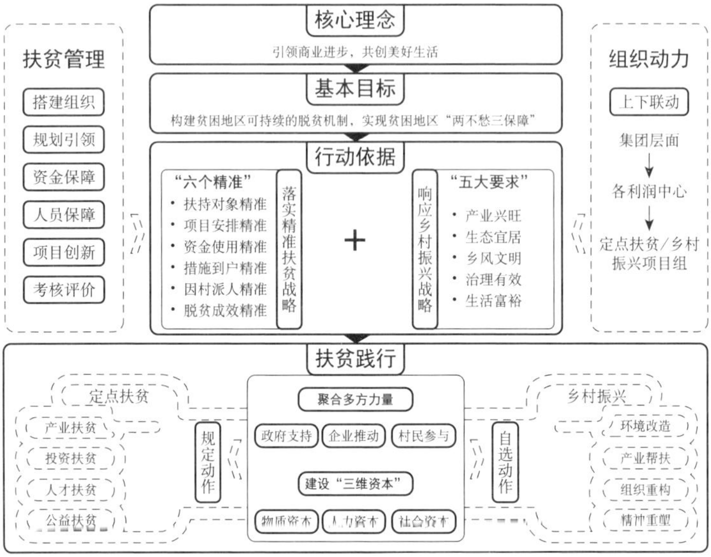

华润集团“双拳组合”精准扶贫模式

基本目标子模块明确华润开展扶贫工作的努力方向。华润在精准识别贫困地区及贫困户发展需求的基础上，通过落实产业扶贫、投资扶贫、人才扶贫和公益扶贫等一系列扶贫举措，构建贫困地区可持续的脱贫机制，形成“造血”机制，帮扶贫困地区稳定实现“两不愁三保障”，即不愁吃、不愁穿，义务教育有保障、基本医疗有保障、住房安全有保障。

行动依据子模块明确华润开展扶贫工作的基本方略。一是坚持精准扶贫战略，坚决贯彻落实党中央和国资委关于脱贫攻坚的各项决策部署，做到扶持对象精准、项目安排精准、资金使用精准、措施到户精准、因村派人（第一书记）精准、脱贫成效精准。二是响应乡村振兴战略，按照产业兴旺、生态宜居、乡风文明、治理有效、生活富裕的总要求建设希望小镇，不断拓宽农民增收渠道，全面改善农村生产生活条件，促进社会公平正义。

扶贫践行子模块主要明确了华润集团开展扶贫工作的关键利益相关方、重要领域以及主要路径。

开展扶贫工作的关键利益相关方，即华润积极联动当地政府、当地村民等核心利益相关方及其他社会力量共同参与扶贫工作，与各方形成利益共同体，实现多方受益。

开展扶贫工作的重要领域，即建设“三维资本”，包括建设“物质资本”，为贫困户输送生产生活的基本物资，同时通过发展特色产业，带动贫困户参与到扶贫活动中来，实现提升贫困户的经济收入，从而达到农村贫困人口脱贫解困的效果；建设“人力资本”，通过吸纳贫困人口参与扶贫活动，为其提供技能培训与指导，再结合教育扶贫、医疗救助等手段，提高贫困人口的自我发展能力和健康水平；建设“社会资本”，通过产品、劳动等契约形式与贫困人口建立利益联结机制，为其提供开放性的社会资本，增强贫困人口的社会交往、社会信任、社会合作的半径，从而打破农村贫困人口经济的贫困和社会的锁定状态，促进农村贫困人口增收能力和自我发展能力的双提升。

开展扶贫工作的主要路径，包括“规定动作”和“自选动作”两个层面。其中“规定动作”是指华润围绕产业扶贫、投资扶贫、人才扶贫和公益扶贫等措施开展定点扶贫工作；“自选动作”是指华润从环境改造、产业帮扶、组织重构、精神重塑四个方面开展希望小镇建设工作，助力乡村振兴。

（二）功能模块的构成

华润集团“双拳组合”精准扶贫模式的功能模块包括扶贫管理、组织动力两个子模块。

扶贫管理子模块是华润开展扶贫工作的体系化支撑。该模块呈现华润扶贫闭环管理机制。首先是搭建扶贫组织，华润形成由集团董事会决策和部署的领导机制，以及由集团办公室和华润慈善基金会统筹的管理机制，并专门成立定点扶贫工作小组，具体负责定点扶贫工作；再通过制定定点扶贫和希望小镇建设规划，明确扶贫目标和重点任务；其次是在资金和人员保障的基础上，因地制宜创新扶贫项目，落实扶贫要求；最后，定期对扶贫管理和实践进行考核和评价。扶贫管理子模块从规划、执行、总结到改进，规范了华润扶贫工作，使扶贫工作得以高效、有序推进，将扶贫工作做出成效。

组织动力子模块是指华润推进扶贫的基本工作形式。从集团层面开展扶贫工作的顶层设计，到各利润中心发挥产业优势的协同作用，再到定点扶贫项目组或乡村振兴项目组执行具体项目，形成上下联动的扶贫工作推进机制。

（三）模块之间的关系

主体模块和功能模块共同构成华润集团“双拳组合”精准扶贫模式。主体模块体现华润开展扶贫工作的基本方针、目标、方略和行动；功能模块体现华润开展扶贫工作的管理机制和工作形式。在具体扶贫实践过程中，主体模块和功能模块随着扶贫工作的深入，不断完善和升级。

三、华润集团精准扶贫关键行动

在精准扶贫战略和乡村振兴战略的引领下，华润集团以开展定点扶贫和建设华润希望小镇为“双拳”，坚持以产业扶贫为核心，聚焦义务教育、基本医疗、住房安全等方面的突出问题和薄弱环节，致力于为贫困地区和贫困户构建可持续的脱贫机制，实现激发贫困地区和贫困户发展的内生动力。

（一）落实“规定动作”：开展定点扶贫工作

华润集团将脱贫攻坚作为央企履行社会责任的一项重要政治任务，致力于用习近平总书记扶贫开发重要战略思想武装头脑，指导扶贫实践，推动扶贫工作开展。江西广昌县和宁夏海原县分别于2002年和2012年被国务院扶贫办指定为华润集团的定点帮扶贫困县。

在广昌县，华润十余年来累计捐赠超过5000万元，围绕新农村建设、乡村医疗等方面，重点实施了广昌“共创·小康”工程项目、“救急难”项目等，并持续开展产业扶贫，帮扶广昌宣传、销售白莲等当地特色农产品，助力广昌县在2018年7月“脱贫摘帽”。根据中央的扶贫精神，本着扶上马送一程的脱贫攻坚原则，华润持续帮扶广昌县，多措并举巩固脱贫成果，捐赠资金用于广昌县开展危旧土坯房改造和“救急难”项目，同时协调企业资源助推广昌县白莲产业发展。

在海原县，华润根据《华润集团定点帮扶海原县发展五年规划（2014年—2018年）》，通过“产业扶贫、投资扶贫、人才扶贫、公益扶贫”等举措，多领域、全方位、多层次地开展扶贫工作，帮助海原县在2020年3月脱贫出列。在产业扶贫方面，华润实施草畜一体化肉牛养殖项目；在投资扶贫方面，引进华润新能源在海原县投资建设风电项目；在人才扶贫方面，对海原县建档立卡贫困家庭的大学生开展“一对一”帮扶助学行动；在公益扶贫方面，建设海原华润希望小镇，并开展了一系列公益活动。在海原县定点扶贫工作中，华润充分发挥了开发式扶贫与综合保障性扶贫的综合效用，结合企业资源优势，以发展海原县特色产业为核心，认真完成定点扶贫任务，切实践行了习近平总书记“六个精准”思想：

1. 践行“项目安排精准”，开展草畜一体化肉牛养殖项目

结合双方资源优势，打造草畜一体化肉牛养殖产业。海原县为回族聚居区，素有牛羊饲养的传统，当地在苜蓿、玉米等饲草方面具备资源优势，但困于优质种牛、基础母牛匮乏，一直无法扩大养殖规模。华润集团旗下华润五丰是一家优秀的综合食品企业，同时也是香港最大的活牛供应代理商，具有超过69年的活畜供港经验，在资金、技术、人才、市场等方面具备优势，其下属的五丰上水屠房每天可屠宰400头牛供给香港市民。为此，华润结合双方优势，以肉牛养殖为重点，帮助海原建设现代化大规模草畜一体化肉牛养殖基地，同时发动广大农户在基地的支持带动下实现家庭养殖，迅速扩大养殖规模，与华润一起发展草畜一体化肉牛养殖产业。

2. 践行“资金使用精准”，创建“基础母牛银行”

建设草畜一体化肉牛养殖基地，推动肉牛产业规模化生产。对华润集团而言，要在海原地区发展肉牛养殖产业，首先要建设一个现代化、大规模的肉牛养殖基地。为开展基地建设和经营管理，华润和海原县共同发起成立了“海原华润农业有限公司”，由华润五丰负责运营管理。2014年11月，华润向海原县捐赠2.65亿元，用于海原草畜一体化肉牛养殖基地的建设。2016年6月，存栏10000头的草畜一体化肉牛养殖基地建成并全部投入使用，养殖基地由母牛隔离舍、育肥舍、高档肉牛繁育舍、草料棚、青贮窖、办公生活区等六大部分构成。目前该基地已经成为西北五省规模最大、现代化程度最高的养殖基地之一。

创新“基础母牛银行”，破解贫困农户的资金瓶颈问题。华润在调研中发现，海原县养牛的条件非常好，气候环境和土壤非常适合青储玉米、苜蓿等饲草的种植，村民也都有养牛的传统，但多年来海原县的整体养殖规模很小，牛只的品种也以当地普通黄牛为主，很难与市场对接。经过深入分析，华润发现尽管村民有草料、有传统、有技术，但是缺乏启动资金，一头优质基础母牛的市场价为10000元，远超出村民的承受范围。为此，华润与当地扶贫部门多次研讨，决定通过“基础母牛银行”模式实现资金精准使用，精准发力。

第一步是“赊销投母”。由华润提供6000元赊销款，政府提供2000元帮扶资金，村民只需自筹2000元，便可领回一头优质基础母牛。每位贫困户只需花费4000元到10000元认养2～5头基础母牛，便可建立一个小型家庭农场，参与到肉牛养殖产业中来。

第二步是“基地收犊”。村民饲养的基础母牛1年后即可产下牛犊，村民将产下的母牛犊留存养育，以扩大规模；将产下的公牛犊作为肉牛，肉牛散养育肥10～12个月，由华润回购至肉牛养殖基地，抵顶村民每头基础母牛6000元的赊销款。收回的赊销款则会继续留在“基础母牛银行”的资金池中，用于帮扶更多的贫困农户。华润将回购的肉牛在养殖基地集中加速育肥后再统一销售到香港及其他高端市场。

根据五年规划，华润在2014年至2018年每年捐助3000万元作为农户购牛的赊销款，五年规划期内累计捐助1.2亿元，可帮助4000到10000户农户精准解决发展肉牛养殖产业缺乏启动资金的难题。

3. 践行“扶贫对象精准”“措施到户精准”，实现兜底扶贫

严格扶贫对象选择。华润在选择赊销农户的过程中，与村、乡镇、县三级单位制定了一系列扶贫对象选择标准及流程。首先，由已经有牛只赊销意向的农户向所在村两委报名申请，然后由村两委负责登记、审核农户建档立卡贫困户身份、亲属关系、信用程度、偿还能力、牛舍、草料、人力等饲养条件，并在申请材料上签字盖章，随后村两委将审核通过的材料提交乡镇分管领导审核并签字盖章，再由乡镇一级将审核通过的贫困户申请材料递交至海原县农牧局畜牧站进行农户信息的复核工作。最后，一份完整的、经过精准识别的贫困户赊销基础母牛花名册就到了海原肉牛养殖基地，基地根据花名册对符合条件的农户进行赊销。

聚焦建档立卡贫困户。在向海原广大农户发放基础母牛的过程中，华润一方面注重发挥党员户的带头作用，重点扶持了66个党员户带头认养，为其他农户起到了良好的先锋模范作用；另一方面，华润还与当地政府通力合作，将帮扶聚焦到建档立卡贫困户的身上，重点发展建档立卡贫困户参与肉牛养殖。为了调动建档立卡贫困户的认养积极性，解决贫困户启动资金困难的问题，华润除了提供每头牛6000元的赊销款之外，2015年至2016年还积极帮助贫困户向海原扶贫部门争取到每头牛1000元、每户至多3000元的配套补贴。从2017年开始，海原扶贫部门主动将配套补贴增加到每头牛2000元、每户至多6000元的标准。

实施针对极端贫困农户的兜底扶贫。“基础母牛银行”实现了大多数具备养殖条件的贫困群众脱贫致富，但仍有一部分极端贫困户或因病、因残不具备养殖条件，或安于现状缺乏脱贫内生动力，养殖意愿不强。在海原县政府的配合下，华润选取了150户不具备养殖条件的极端贫困户作为试点，针对这些极端贫困农户的情况，华润计划通过“基础母牛银行+托管代养”模式帮助其摆脱贫困。按照托管代养模式，每户极端贫困户认养3头基础母牛，基础母牛由养殖基地代为饲养，3头基础母牛的购置费用由农户自筹资金6000元，政府补贴6000元，“基础母牛银行”赊销贷款18000元，合计30000元。经测算，3头母牛通过自身增值和产犊3年共可产生8000元收益，3年合作期内华润将农户自筹资金6000元、扶贫款项6000元和产生效益8000元，共20000元全部分三年返还，即第一年为每户支付6000元，第二、三年每年支付7000元，150户极端贫困户三年内将得到基本保障。

4. 践行“因村派人精准”，搭建村级养殖服务网络

安排技术人员。海原农户习惯养殖当地黄牛，且多为家庭式传统养殖，针对西门塔尔良种母牛的养殖，在饲养繁育、疾病防疫等方面都普遍缺乏必要的养殖经验和技术。为此，华润与海原县政府合作，按照每个养殖户比较集中的村配备一个固定养殖服务站的原则，建立了16个基层养殖服务站，并计划为每个基层养殖服务站派驻了一名专职技术员。这些技术人员深入农户家庭进行技能培训、疾病防疫和冷配工作（牛只繁育的关键）。华润还聘请了2名专职兽医，定期巡查各乡镇牛只养殖情况，并根据技术员和农户的请求，到农户家中指导疫病防治。为彻底提升海原肉牛养殖现代化水平，华润还引入智慧牧场管理系统，为海原县的肉牛养殖脱贫产业提供了一个线上网络服务平台。智慧牧场的网络系统可实时监控发放到农户的牛只活动、繁育状况，实现养殖信息精准化管理。第一批2000头牛已加入该系统，实现了牛只远程定位、牛只发情监控、牛只每天的运动活跃情况监控等功能，为养殖农户及时提供发情期相关数据，极大地缩短了母牛的空怀期，有效提高了农户收益。

选派挂职干部。选派思想好、作风正、能力强、了解当地实际并愿意为群众服务的优秀干部到农村基层担任第一书记，切实保障各项扶贫政策、各种扶贫资源在农村基层组织中有效落地。2015年8月1日至2017年8月，华润集团选派了海原华润农业有限公司副总经理陈忠到养殖基地所在的宁夏海原县曹洼乡曹洼村任驻村第一书记，自2017年8月至今，由海原华润农业有限公司钱涛接任曹洼村驻村第一书记职务。2016年4月，集团还选派华润五丰助理总经理濮实挂职海原县委副书记。在海原县的大力支持配合下，华润还组建了130余名优秀青年员工的产业扶贫专门团队长期驻守海原县。产业扶贫专门团队一方面负责海原草畜一体化养殖基地的日常运营管理工作，另一方面深入养殖第一线，与海原县扶贫干部一起对镇、村两级基层干部和养殖户进行技术培训。几年来，华润在海原的扶贫团队共培训基层干部300余人次，培训养殖户3000余人次。

5. 践行“脱贫成效精准”，实现贫困户、村集体、海原县三级受益

华润通过打造“基础母牛银行”帮助农户尤其是建档立卡贫困户实现家庭养殖，着力提高贫困群体的参与性，避免使贫困户形成“等、靠、要”思想，帮助贫困群体从“要我脱贫”转变为“我要脱贫”，实现了贫困户、村集体、海原县三级受益。

贫困户受益。华润带动贫困户参与到扶贫活动中，通过“基地收犊”

的方式，帮助个体村民实现与大市场的对接，形成了稳定的增收渠道。按照每个养殖户赊销 5 头基础母牛计算，产下的牛犊性别按照公母各 50% 的概率计算，在五年规划期结束时，可为养殖户带来累计超过 14 万元的收入。

村集体受益。华润根据宁夏自治区贫困村脱贫销号的需求，创新性地发展出了“基础母牛银行 + 村集体经济”的帮扶模式。海原县政府将村集体的扶贫资金进行整合，存入华润的“基础母牛银行”，通过企业运营获得收益，再以分红的方式，每年给各个村集体分红。“基础母牛银行”获得了政府资金的注入，又可帮助更多的贫困户开办家庭农场。

海原县受益。截至 2020 年 2 月底，华润帮助海原县累计引进基础母牛 33850 头，累计赊销 30971 头，帮扶 16 个乡镇 175 个村的 12517 户贫困户开办了家庭农场，助力海原县“脱贫摘帽”。随着牛只存栏数量的持续增多，海原县也将逐步成为西北地区乃至全国的高端肉牛繁育集散地之一。此外，海原华润肉牛养殖基地已经于 2016 年完成供港销售牛只的全部备案工作，成为宁夏首家注册的供港澳活牛育肥场。海原肉牛供港渠道的打通，为提升海原肉牛的品牌影响力、进入国际市场打下了良好的基础。

（二）推进“自选动作”：创建华润希望小镇

自 2008 年以来，华润积极响应中央扶贫开发的号召，提出利用华润企业和员工捐款到贫困地区和革命老区的贫困乡村建设华润希望小镇的创想。截至 2019 年底，华润累计捐资超过 8 亿元，精准对接革命老区、贫困地区，以“环境改造、产业帮扶、组织重构、精神重塑”为四大目标愿景，在广西百色、河北西柏坡、湖南韶山、福建古田、贵州遵义、安徽金寨、江西井冈山、宁夏海原建成了8座华润希望小镇，贵州剑河、湖北红安、陕西延安、四川南江的4座华润希望小镇也正在规划建设中。十余年来，华润希望小镇直接受益农民总计3024户、11420人，辐射带动小镇周边10万余人脱贫致富奔小康。

1. 以环境改造为基础，实现希望小镇生态宜居

环境改造，是华润希望小镇建设的基础。华润对希望小镇统一开展的环境改造主要聚焦在“和谐的民居改造”“生态环保的市政基础建设”和“功能齐备的公共配套设施”三大方面。在民居建设过程中华润主要实施了“改厨、改水、改房、改厕、改圈、改院”六大工程；在改造市政基础设施时，华润本着生态环保的理念，对乡村水、电、路、气进行彻底改造，并通过三格化粪池、生态湿地等设施低成本、高效益地解决了农村排水难的问题。在全为旱厕的海原希望小镇，华润还发起了一场“厕所革命”，通过引入一体化污水处理设备，彻底解决了当地原有旱厕粪污排放难的问题，处理后的水质可达到一级B标准，可直接用于农户家庭的蔬菜灌溉和牲畜喂养；在公共配套设施方面，华润除了捐建希望小学、幼儿园、卫生院、党群服务中心、村民文化站、健身广场以外，还在希望小镇为村民改建新建了祠堂、公屋等专门的公共活动场所，方便村民集会和婚丧嫁娶使用。完善的教育、卫生、养老等市政及公共配套弥补了乡村基础设施严重匮乏的短板。通过环境改造，乡村的人居环境彻底改变，希望小镇村民享受到了城市文明所带来的舒适、卫生与便利，在小镇内基本实现生态宜居。

2. 以产业帮扶为抓手，实现希望小镇产业兴旺、生活富裕

在乡村产业振兴方面，华润主要通过建立“企业＋合作社＋农户”的基本模式，利用企业自身资源优势，帮助希望小镇农民成立润农农民专业合作社，并以合作社为平台开展土地流转，充分发掘每个小镇的资源禀赋，因地制宜地发展现代特色农业和特色乡村旅游业。目前，华润已经帮扶 7 个希望小镇成立了润农农民专业合作社，形成了能够发挥自身特点的特色种植业、养殖业和乡村旅游产业。在井冈山华润希望小镇，华润建设了第一座米兰花乡村民宿示范酒店，并以此为龙头，引导村民将闲置房屋改造成为乡村民宿，大力发展红色旅游。从 2017 年 6 月井冈山米兰花乡村酒店开业至 2019 年底，营业额已突破 480 万元；为希望小镇当地村民提供了 18 个就业岗位，已累计支付职工薪酬约 196 万元；带动村民发展了 9 家民宿，共计 73 间客房 129 张床位，接待游客近 26000 人，酒店盈利则全部用于井冈山希望小镇的可持续发展或作为当地民政领域的救助资金。从一产到二产再到三产，华润充分发挥了各个小镇的资源禀赋，有效推动了小镇一二三产业的深度融合发展，激发了农村创新创业活力。经过十多年持续的产业帮扶，希望小镇“一镇一品”的产业格局已基本形成，产业兴旺、生活富裕的目标已基本实现。

3. 以组织重构为依托，实现希望小镇有效治理

华润每建设一个希望小镇，都会将希望小镇原来的村委会升级为新型的农村社区居民管理委员会；在润农农民专业合作社的章程中，明确规定润农农民合作社的一部分利润将用于希望小镇集体开支，为希望小镇社区居委会开展公共服务、行使管理职能提供了稳定的经费来源。每个希望小镇建设伊始，华润都会从各个利润中心抽调 7～8 名优秀年轻员工组成

项目组，全面参与小镇建设。环境改造建设任务完成以后，华润还会继续派出产业帮扶小组，继续帮助村民发展特色产业。与此同时，华润还以润农农民专业合作社为突破口，帮助希望小镇加强基层党组织建设，积极培育村里的经济带头人和基层优秀党员，支持他们成为润农合作社理事或骨干，提升他们的综合素质，支持他们参加村两委的选举，从而实现小镇党、政、企三位一体交叉任职。通过华润的帮扶，把真正政治意识强、综合素质高的“乡村经济带头人”扶持成为村两委的领导人，真正实现村民“自治”。在当地政府的支持下，华润项目组和希望小镇的村两委紧密配合，乡村民主自治的治理能力和治理结构日益稳固，基本实现对小镇各项事务的有效治理。

4. 以精神重塑为目标，实现希望小镇乡风文明

在扎实推进产业帮扶工作的同时，华润还注重物质文明和精神文明一起抓。在百色希望小镇，华润通过制定《居民社区公约三字经》，用村民喜闻乐见的方式宣传社会主义核心价值观。同时，华润非常注重保护发展农村优秀传统文化，高度重视对公屋、祠堂的保护性修缮，在有条件的希望小镇专门建设了文化站，并以公屋、文化站为基地，通过树乡贤、立乡约、整乡风、塑乡情，大力倡导以乡贤文化为核心的优秀农耕文化，充分发挥乡约、家训等凝聚人心、教化群众、淳化民风的重要作用。在金寨希望小镇，华润对已荒废多年的徐氏祠堂进行了保护性修缮，对徐氏家训进行了发掘整理并张贴在祠堂最显著的位置。修葺一新的祠堂不仅将整个徐氏家族的46户宗亲凝聚到了一起，也成为小镇开展公共事务、村民活动的场所。在华润和当地政府的积极引导下，希望小镇村民已经开始自觉摒弃赌博、迷信活动等不良生活习惯，乡风文明、积极健康的生活方式逐渐成了小镇村民精神生活的主流。

四、华润集团精准扶贫经验启示

华润充分立足国情、农情、司情，持续创新可持续发展的扶贫开发新模式，在扶贫领域打出的“规定动作”和“自选动作”组合拳，为央企开展乡村振兴提供了可借鉴的经验，有效响应了习近平总书记在2020年3月6日决战决胜脱贫攻坚座谈会上关于接续推进全面脱贫与乡村振兴有效衔接的要求。在开展扶贫工作的过程中，华润坚持可持续原则，充分发挥自身多元化经营的资源和产业优势，注重引入外部力量，不仅帮助贫困地区稳定脱贫，也助力了企业自身发展。

（一）创新驱动，为央企贡献可复制和推广的扶贫经验

华润坚持以产业帮扶为核心，持续探索具有华润特色的产业帮扶方式。借鉴海原“基础母牛银行”的成功经验，华润在河南兰考县创新打造了“孕母驴银行”，通过向农户发放已经配种的怀孕3至4个月的母驴，在其产下驴驹两个月后，再保底回收母驴和驴驹的方式，保证农户收益。“孕母驴银行”解决了兰考黄河滩区群众移民迁址后没有稳定收入来源的问题，助推了兰考县实现乡村振兴。

在希望小镇建设方面，在近年来红色旅游快速发展的行业红利和政策红利引导下，华润致力于结合各地不同的资源禀赋，探索小镇产业扶贫的创新转型发展之路。从第七个希望小镇——井冈山华润希望小镇开始，华润在全国探索首创了“捐建公益酒店＋搭建平台促进民宿经济发展”的乡

村旅游产业扶贫模式。在即将竣工落成的红安华润希望小镇，华润将利用中国历史文化名镇——红安县七里坪镇的区位优势，引入井冈山华润希望小镇米兰花乡村民宿示范酒店的同时，还将利用小镇内有限的土地资源，实施休闲农业和乡村旅游精品工程，以“科技引领+创新发展”为理念，通过“互联网+农业”的模式，实现“共享菜园”的营销方式，并将红安希望小镇打造成为集文体旅游、文体互动于一身的互动式体验共享农业项目。从而推动农业的转型升级，强化农业的科技支撑，实现小镇一二三产业的深度融合，激发农村的创新活力。

（二）内生可持续，实现贫困地区长久稳定脱贫

华润将可持续性原则作为扶贫项目开发和实施的重要决策依据，以产业扶贫为核心，关注实施项目的质量发展和长期发展，强调社会整体利益以及有助于环境保护和生态平衡，破解近期解决温饱与长远稳定脱贫的矛盾。在实施扶贫项目的过程中，华润以企业化、市场化管理和运作的方式，帮助贫困地区加速了农业现代化发展的进程，使得当地村民生产更加规模化、专业化，构建可持续发展的扶贫机制，有效保证了华润扶贫成果的巩固。在华润希望小镇的建设过程中，华润将企业的业务发展与贫困乡村的可持续发展全面对接，成功打造希望小镇“一镇一品”的产业格局，并持续探索将“一镇一品”的产业内容从单一种养业向乡村旅游、休闲观光农业、特色文体产业扩充，推进小镇供给侧改革，增强小镇可持续发展能力。

（三）多方参与，集智聚力打造扶贫合力

在开展扶贫的过程中，华润在充分发挥自身产业优势的同时，注重引入外部力量共同参与。一方面是为华润各利润中心打造了履责平台。在海原希望小镇，华润置地发挥其在建筑领域的专业优势，引领小镇建设；华润电力支持建设路灯照明及电路设施建设；华润纺织为小镇中心学校捐赠校服；华润万家发挥门店规模优势，为海原特色农产品开展农超对接；华润五丰打造“基础母牛银行”示范区等：各利润中心产业优势得到充分体现。另一方面是协同企业外部资源，汇聚扶贫合力。在海原县草畜一体化肉牛养殖项目中，华润与西部高端肉牛研究院合作共同开展肉牛养殖研究。在海原希望小镇、金寨希望小镇，华润引入上海真爱梦想公益基金会，为当地希望小学捐建真爱梦想教室；在井冈山希望小镇、金寨希望小镇，华润还与腾讯慈善公益基金会“为村”项目合作，打造便民公众服务号，开发为乡村生产、生活、管理提供便利的互联网服务产品。通过整合多方资源，有力提升了扶贫成效。

（四）互利共赢，提升企业责任竞争力

华润开展扶贫工作在给贫困地区创造价值的同时也助力企业自身发展。首先，华润赢得了扶贫地区当地政府部门的信赖，建立起了良好的合作关系，同时得到了地方政府在资金、组织协调等方面的支持，为华润在当地的发展创造了良好经营环境。其次，华润希望小镇等项目全方位展示了华润高度的社会责任感和项目建设、运营能力，有助于华润开拓当地市场。海原草畜一体化肉牛养殖等项目创新了企业的生产经营模式，将为企

业持续创造新的经济效益。再次，华润通过建设希望小镇有效整合了企业内部多项产业资源，增强了各板块业务的凝聚力，提升了集团整体的协同作战能力，得到了合作伙伴的认可和支持，加强了华润与价值链伙伴的良好合作关系。最后，华润内部员工通过参与定点扶贫项目和希望小镇建设，加深了对企业精神和价值观的理解，提升了对企业履行社会责任的认同，凝聚了企业向心力。